家庭に笑い声が聞こえますか

志々目　真理子
Mariko Shishime

たま出版

はじめに

私は若いときに、思いこみで悩んだり落ち込むことがありました。なぜそう思うのかと自分と向き合ってみると、自分の一方的な視点でものごとを判断し、相手に責任を転嫁《てんか》していたことに気づかされたのです。

そのことから、身のまわりで起きることは、自分が何かを学ぶために起きてきたことなのではと思えるようになりました。そして、そう気づけたことに感謝できるようになると、お互いの心が歩み寄れたことがたくさんありました。

「わかってもらいたい」という押しつけではなく、こちらの気持ちを伝えるだけ伝えたら、「自分が相手からどう思われるか」ではなく、「自分が相手をどう思うか」ということが大切なのだと学んだのです。

人はみんな顔、かたちが違うように、育った環境も違います。

それぞれの環境のなかで、「何が起きたか」ではなく、「なぜ起きたのか」、そして「そのなかから何を学んだのか」が、とても重要だと思いました。

現在、私はセラピストとして全国各地の市町村や学校、幼稚園などに講演に呼んでいただいています。この本に書かれているお話は、そうした講演を聴かれた方々が、起きたできごとにいつまでも悩み苦しむのではなく、その事実を受け入れ、視点を変えてご自身の力で家庭に笑い声をとりもどされた体験談を中心にまとめたものです。みなさん、それぞれが家族や自分としっかり向き合うことによって問題を解決されています。

これまでの講演やご相談を通して、人の生き方が正しいかどうかを判断するのではなく、いま自分にできることを一生懸命にすることの大切さを学びました。そのことをみなさんにお伝えしたくて、この本を執筆させていただきました。

それぞれの体験をありのままにお伝えするため、あえてあまり手を加えずに私なりの文でまとめさせていただきましたことをお許しください。

目次

2 愛をそそぐ

3 愛のメッセージ

講演でのQ&Aを通して、何に気づけばいいのかを自分で考え、解決した人たち

123

4 笑顔のすてきな人へ

自分の力で悩みや問題を解決するための、著者からのメッセージ

5 旅立ち

本文イラスト　新屋由紀

1

心の扉を開いて

家族とのかかわりのなかで起きた問題や悩みから、
自分の力で立ち直った人たち

◆子どもの暴力事件をきっかけに◆

中学3年生の息子が同級生5人と下級生をなぐり、ケガをさせてしまいました。私は、息子に、「どのくらいなぐったの？　主犯だったの？」と問いただしました。

そうすると息子は、

「主犯はいない、みんなでなぐった」

と答えましたが、私は、6人のなかで自分の子どもがいちばん体が大きいため、主犯にされるかもしれないと考えてしまったのです。

息子は、なぐった相手に謝りに行くと言いましたが、

「最後に行きなさい。最初に行くと主犯のように思われるから。せっかく高校に合格しているのに、取り消しになったらどうするの」

と止めました。そのときは、自分の子どものことしか考えられなかったのです。

すると、息子は怒り出し、

「いま謝らないで卒業したら、僕は一生後悔すると思う。お母さんは、いつも自分の

立場を先に考えるけど、ケガをした人のことを考えたことはないの？」

と言い返してきました。

「あなたがなぐったからでしょう。なぜお母さんに頭を下げさせるようなことをするの」

私が言い返すと、子どもが次のように言ったのです。

「お父さんが女の人と家を出て行ったのは、お母さんにも責任があるんだよ。毎日毎日、おじいちゃんやおばあちゃんの悪口ばかり言って、とくにお父さんが家を出てからは、お父さんとその人を恨んで、なじるばかりだったじゃないか。その恨みごとを毎日聞いている僕は、どうなるの？　僕にとっては、お父さんはやさしいお父さんだった。僕がお父さんの立場でも、家を出たと思う。そんな毎日のストレスが、たまたま下級生に向いただけなんだ。その子をきらいだと思ったことはないよ。だれでもよかったんだ」

そう言われて、私の頭の中は真っ白になってしまいました。主人が他の女性と家を出て行って、私が被害者だと思っていたのに、どうして責められなければならないのかと思ったからです。

しばらくすると、息子は言いすぎたと思ったのか、ある講演を聴いたときのことを話しはじめました。

「お母さん、3か月ほど前、お父さんが家を出て行ったあと、2人で講演を聴きに行ったよね。あのとき、何が起きたのかではなく、なぜ起きたのか、水面の下をみるようにという説明があったけど、あれをやってみようよ」

と、涙を浮かべながら言ってくれたのです。

Q.「なぜお父さんを許せないの？」

A.「他の女性と出て行ったから」

Q.「1人で出て行ったのなら、許せたの？」

A.「1人でも許せなかったと思う」

Q.「なぜ1人でも許せなかったと思うの？」

A.「私とあなたを捨てたから」

Q.「なぜお父さんは僕たちを捨てたくなったと思う？」

A．「家にいるのがそんなにいやだったのかな？」
Q．「なぜ家にいるのがいやになったと思うの？」
A．「私が毎日不平不満ばかり言っていたからだろうか？」
「そうだよ。お母さんは、お父さんにありがとうを言ったことがなかったし、おじいちゃん、おばあちゃんにもいやなことばかり言っていた。僕は、いつもお父さんがかわいそうと思っていた。お母さんにひとつ言えば、5つ6つ言い返されるから、お父さんはやさしい女の人を求めたんだと思う。僕も結婚するなら、絶対お母さんのような人は選ばない」

息子にそう言われて、そのときはじめて私は自分の性格に気づいたのです。

そのあと、被害者の子どもが入院している病院にお見舞いに行き、被害者のお母さんに、息子から言われたことや主人が女性と家を出たことなどを全部お話ししました。

すると、そのお母さんは、

「私も主人と6年前に離婚して、1人で子どもを育ててきました。私の心の中に、父親がいないからバカにされたくないという思いがあって、それで厳しく育てたので、負けずぎらいの子どもになり、きっと上級生に対してもなまいきな態度をとったのでしょう。子どものけんかに親が出ることもないですよ。今度のことでは、私も勉強になりました」

と言ってくださったのです。思いやりのある言葉に、私は泣きながら帰りました。

帰りの道すがら、息子が、

「お母さんが相手の気持ちを考えることができたから、僕たちは許してもらえたのかもしれない」

とつぶやきました。

振り返ってみると、この事件が起きたから主人の気持ちに気づくことができたし、被害者のご家族には申しわけなかったのですが、それまで私と話そうとしなかった息子と仲よくなれたのも今回のことがきっかけでした。

いまは、すべてのできごとに感謝でいっぱいです。忘れると人を許せなくなる私ですので、そんなときは、このできごとを思い出すようにしています。

◆義理の母に育てられて◆

私は3歳のときに両親に捨てられ、親戚の家に預けられました。その当時、なぜ両親がいなくなったのかわからなかったのですが、預けられた義理の母から、ことあるごとに、

「あなたの両親はろくな両親じゃない。お母さんは男の人と逃げて、お父さんはあなたを捨てて女の人と逃げたのよ。だから、あなたも同じようになるんじゃないの」

と言われて育てられました。

義理の母は、自分の子どもがカゼを引くと病院に連れて行き、学校を休ませましたが、私が病気になると仮病だと言ってかまってもらえなかったのです。

家族で外出するときはいつも留守番で、お掃除や片づけをさせられました。しだいに私は夜遊びも多くなり、義理の母や父に反抗し、暴れるようになったのです。中学校を卒業したら家を出ようと目標を持ち、なんとかその家でがんばりました。

洋服とかは買ってもらえて、食事はちゃんと食べさせてもらっていたのですが、ことあるごとに両親の悪口を言われることに耐え切れず、中学校卒業と同時に家を出ました。そして、友だちの家に一緒に住み込ませてもらい、一生懸命働きました。

それでも、両親に対する許せない思い、義理の母に対する復讐心というのはなくなることがなく、どうやって仕返しをしよう、両親を見つけたらなんと言おう、そういうことばかり考えていたのです。

3歳のときから中学校を卒業するまで、ずーっとそのことばかりを考えて生きてきました。義理の母に似た年齢や顔立ちの人をみると、許せなくなって、殺してやりたくなるときもありました。また、両親なんかいないという思いと、なぜ私を捨てたのか会って聞いてみたいという思いが交錯して複雑でした。

そんなときに、夜、ぶらぶらしていたら、ある男性との出会いがあり、その彼も私と同じような境遇の人で、両親に捨てられ、孤独でした。

その人と付き合いはじめて数か月たったころに、彼が、

「俺もおまえも笑える家庭ではなかったから、笑えるんだったらこの講演を聴いてみ

るか」

と言って、『家庭に笑い声が聞こえますか』という講演に連れて行ってくれました。私は、てっきり「漫談」だと思ってついていったのですが、背広姿の人があいさつをされるので、会場を間違えたと思ったのです。でも彼は、

「最後まで聴きたい。何か自分が変われそうな気がする」

と言って聴きはじめました。

講演が始まってしばらくすると、私もこれで変われるのではと思えたのです。

講演の後で質問する時間がありましたが、自分の境遇を人前で話す勇気はありませんでした。講演が終わっても、帰れないで廊下の椅子に腰かけていましたら、30分ほどでしたが、講演者の方と話すことができ、私は、自分のこれまでの苦労話をしました。そして、義母を殺してやりたい、仕返しをしたいという思いをどのように切り替えていけばよいのか質問しました。

すると、講演者の方は涙を浮かべて、

「よく耐えてこられましたねー。この思いを乗り越えられたら、どんな悩みにも対処

できますよ。私より何倍も大きな心を持っていますから」

と言われ、それからこう言われました。

「あなたの立場からだけでみてしまうと、意地悪をされた義理のお母さんに恨《うら》みしかないかもしれませんが、義理のお母さんは、自分の子どもだけでなく、もう1人子どもが増えるのですから、大変だと思われたのかもしれません。

また、あなたを育てることに感謝してくださる人もいなくて、あなたにつらくあたることで納得《なっとく》しようとされていたのかもしれませんね。だから、育ててもらったことに感謝して、自分が子どもを持ったときには愛をもって育てることを、体験を通して勉強させてもらえたと思ったらどうでしょう。

よくお坊さんが話されるように、人間に生まれ変わりがあるとしたら、よい人生と思うときも悪い人生と思うときも、平等に何かを学んでいっているのかもしれません。

いまあなたは元気でここにいるのですから、元気に育ててくださった義理のご両親にありがとうと感謝してみてください。殺したいとか仕返しの気持ちがうすれていきますよ」

私が、

「でも、そんなに簡単に割り切れるものではないし、許せない」

と言いましたら、その方はある話をしてくれました。

「韓国の『冬のソナタ』というドラマのなかで、主人公の女性が、恋人が亡くなったと思いこみ、その思い出のなかだけに生きてまわりをみようとしなかったときに、お友だちから『世界はあったかくて美しいのに、あなたは悲しい想いでしかみていない。孤独に生きるつもりなのですか？』と言われた場面がありました。

復讐することや憎むことだけに意識を向けていたら、幸せにはなれないのではないでしょうか。一度目を閉じて、別な方向を見てもう一度目を開けてみてください。いままでとは違った景色がみえるはずです。

そこに幸せはありませんか？

これからも憎み続けていけば、あなたの子どもにも、見たこともないご両親や義理のお母さんを憎ませることになるでしょう」

そう言われて、心からその通りだと思えたのです。

たしかに十何年間、人を憎みながら生きてきて、残りの人生まで復讐《ふくしゅう》で生きていくのだったら、私はあったかい世界を見ることはないんだ、と思ったとき、彼が、

「僕も両親を許せるような気がする」

と言って、お互い穏《おだ》やかな気持ちになって帰りました。

いつか、育ててくれた両親にありがとうを伝えたいと思っています。

◆夫の女性関係をきっかけに◆

結婚して2年目くらいから、主人に女性がいるのではないかと思うようになりました。主人に聞いてみる勇気がなく、スッキリしない日々を送っていました。でも、考えれば考えるほど主人を許せなくなり、イライラしてついには体調を崩《くず》してしまったのです。

病院では自律神経失調症と診断され、お薬をもらいましたが、なかなかよくならず、

次第に外に出るのもおっくうになり、化粧もしないので、実年齢よりずっと老けて見られていました。

そんな私にいや気がさしたのか、主人はときどき外泊するようになり、帰ってこない日は、主人も相手の女性も殺して自分も死のうとか、とんでもないことを考えるようになってしまったのです。

思いあまって母に相談したところ、母はすぐに私を迎えに来て、ある講演を聴きに行こうと誘いました。ところが、その講演の開催場所が山形だったため、自分の住んでいるところからは日帰りできる場所ではなかったのですが、母がどうしてもと言うので、一泊して山形まで出かけたのです。

講演のなかで、ある方が夫婦関係のことで質問されたとき、次のように言われました。

「夫婦のトラブルは、育った環境の違いによって起こることが多いのです。たとえば、兄弟が多いため自分のことは全部自分でするように育てられた人と、大事に大事に手をかけて育てられた人とが夫婦になった場合、お互いが歩み寄らなければトラブルの原因となります。

親が手をかけすぎて育った人は、自分の要求だけして、相手のために自分が何をしてあげられるかには視点がいきません。また、両親に期待だけ押しつけられ、がんばってもがんばってもほめられることがなく欠点だけを指摘されて育った人は、自分に自信が持つことができず、なにごとにもやる気を失ってしまいます。

そんな毎日のなかで、やさしくて自分を頼りにしてくれる女性と知り合ったら、自分の居場所を見出すことができ、その女性を選んでしまいたくなるのかもしれません」

その話は、まさに私が主人にやってきたことそのものでした。主人が帰ってくると、「給料が少ない」とか、「仕事がトロい」とか、「私だったら出世している」といった不満ばかりで、主人に感謝したことがありませんでした。

母は、その講演を4回ほど聴いたことがあったので、

「何が起こったかにこだわるのではなく、なぜそれが起こったのか、なぜ旦那《だんな》さんの気持ちが他の女性にいってしまったのかに気づくことが大切なのよ」

と私に言いました。

母自身も、自分を振り返ってみるようになって、悩むことが少なくなったそうです。

それまでの私は、ただ憎むことだけでしたが、それ以後、主人に何をしてあげられるかを考え、帰ってこないかもしれないけれど、毎日、お風呂と夕飯を準備して待つようにしました。

3日目に帰ってきた主人は、お化粧をして待っている私を見て驚き、

「どうして急に元気になったの？」

と聞いてきました。私は、母と一緒に講演を聴きに行った内容をすべて話しましたら、主人が、

「僕は、小さいときから失敗が許されなかった。毎日のように欠点ばかりを指摘され、結婚したらホッとできると思っていたのに、君からもバカにされて、生きる望みを失ったとき、いまの女性と知り合い、生きる喜びを知ったんだ。彼女に出会わなければ自殺していたと思う」

と、心の内を話してくれたのです。

その女性は、やさしくて控《ひか》えめな人だったそうです。

それから、私は、主人とじっくり話し合うことによって、少しずつではありますが、心が歩み寄ることができるようになりました。そのおかげで、自律神経失調症もよくなり、いまではその女性にも感謝しています。

主人と向き合うことの大切さを実感しました。

◆子どもとの相性で気づけたこと◆

私には高校3年生の長女、次女、三女、長男と、4人の子どもがいます。3人の子どもはとても私をわかってくれるのに、次女だけが気性がはげしく、私に反抗するのです。

けんかはいつも次女と私との間で起こります。私がイライラして怒りますと、私の言われたくないことを指摘するのです。主人と次女は仲がよいのに、なぜ私だけに反発するのかわかりませんでした。そんなとき、学校の案内で『家庭に笑い声が聞こえますか』という講演があることを知り、聴きに行きました。

講演の後で、なぜ次女と意見が合わないのか、質問しましたら、

「同じような質問をよく受けます」

と言われて、

「次女さんとお母さんは、性格がそっくりだからですね。次女さんはお母さんが次に何をするのか、何を言おうとしているのかわかるのです。また、その内容が当たっているだけにイライラされるのだと思います。

その子どもさんはとてもお母さん思いの方で、お母さんが自分では気づけない部分を気づかせてくれる子どもさんです。お母さんが病気になったら、いちばんに心配して、お世話してくださると思いますよ」

と言われたのです。

それから、自分で水面下をみる方法を練習してみました。
Q．なぜ次女がきらいなのか？
A．私にひと言ひと言、言い返すから。

Q．なぜ言い返されるといやなのか？
A．言われることが当たっているから。
Q．なぜ当たっているといやなのか？
A．次女さえいなければ苦労しないのにと、いつも思っているから。
Q．なぜそう思うのか？
A．昔、自分も両親に、「あなたさえいなければ苦労しないのに」と、口癖のように言われてきたから。

ここまできたとき、次女に対して長い間いやだと思っていた部分が、私にもあるということに気づけました。そのとき、私に気づかせるためにいやな役目をしてくれたのだな、と思ったら、次女に対して感謝の涙が止まりませんでした。

〝自立〟という意味がわからなかったのですが、水面下をみることで、答えは自分の内側にあるということがわかりました。

主人に対しても、まわりに対してもトラブルが多かったのは、自分をわかってもらいたいと思うあまり、わからせようとしたり、なぜわかってくれないのだろうという思いがあったのだと思います。

いままでいろいろ講演を聴きましたが、私のための講演だったといっても過言ではないほど、自分に当てはまった内容でした。

何よりもうれしかったのは、その後しばらくして、主人や子ども、友だちから、明るくなったね、話しやすくなったねと言われたことです。

◆過度の不安障害◆

私は幼いころ、とてもいたずら好きの元気のよい子でした。

ところが、中学1年くらいから、先生に指されたり、人前で発表などすると、緊張から声が震《ふる》え、手に汗をかき、心臓は飛び出しそうにドキドキするようになったのです。

最初は、だれでも多少緊張するものなので、深く考えていなかったのですが、高校、大学と、入試のときにペンを持てないくらい手が震え、緊張のあまり、頭が真っ白になってしまったのです。

結局、大学は2年にわたっていくつかトライしましたが、合格できず、父の口ききで職につきました。

ところが、お客さま相手の窓口対応になると、緊張して話せなくなり、悩んでいたところ、父親から教育委員会から回ってきた講演のパンフレットをもらい、聴きに行きました。

その講演のなかで、

「不安障害は中学生くらいになって気づくことが多いのですが、もともと育ってくる環境のなかでつくりあげられるものです。たとえば、完璧《かんぺき》を求められたり失敗を許されなかったりすることが、心の負担になり、自信が持てなくなります。その心の傷の積み重ねが、思春期ごろになって不安障害の症状となって現れてくるのです。大人になって、ショックなことが原因で起きることもあります」

という説明がありました。

自分を振り返ってみると、思い当たることがたくさんあったのです。

小学4年生のときに、期末試験で39度の熱を出し、追試を受けたのですが、それをきっかけに成績が下がってしまい、父親から、

「健康管理が悪いから大切なときに熱を出す。どうせ熱を出すなら、レクリエーション、体育祭のときに熱を出せばよかったのに」

と言われてしまったのです。

それからは、大事な学校行事や部活の大会などになると、ケガをしたり病気になったり、出席できないことが多くなりました。

私の不安や恐怖の原因は、中学からではなく、小学生のときに自然につくりあげられたものでした。

失敗を恐れるあまり、自信がなくなり、不安、緊張をつくりあげていた私が、講演を聴いて、もともと人生には失敗というのはなくて、すべてその人が成長するための手段のひとつだったとわかり、とても気持ちが楽になりました。そして、この体験を後悔するのではなく、この体験から何を学んだかが大切なのだということに気づけた

のです。

私の心の中のどこかに、父や母に認められたい、ほめてもらいたいという気持ちとは別に、父や母のような頭でっかちの人間にだけはなりたくないという気持ちもあったと、水面下をみてわかりました。

◆長男の自閉症◆

長男が7歳になるのですが、3歳児検診で自閉症と診断されました。

主治医の先生からは、脳に障害があるので一生治ることはありませんと言われ、私たちはかなり落ち込みました。

妻と私は、子どものためにいろいろと相談に行きましたが、検診から4年、これといって変化はありませんでした。

しかし、今回ある講演に自分の病気のことがきっかけで参加させていただき、子どもが自閉症になった原因も自分たち夫婦にもあるのではないかと思いました。

私は頑固《がんこ》な性格で、職場でも手を抜いた仕事をする人や小さなミスも許せずに、まわりの人に厳しく注意してきました。妻に対しても、私の意見がいちばんで、すべて自分の考えで家庭がまわっていたのです。

そんな妻は、ハイハイとしたがってくれているようにみえたのですが、実際は我慢して毎日を過ごしていたのだと思います。

講演のなかで、「お互いの意見を聞くことが、子どもの負担を軽くしていくことになるのです」と言われ、いままで妻の意見を聞いていなかったことをつくづく考えさせられました。

また、妻から、「あなたは私の意見を聞いたことがない」と言われてきたことも思い出したのです。

妻は、私に対するやり場のない寂しさやストレスを抱《かか》えたまま、暗い気持ちで日々子どもと接し、その妻の心を子どもが受けとめていたので、それが自閉症という症状を出していたのかもしれません。妻は、ほとんど子どもに話しかけることなく接していたようです。

それからは、できるだけ子どもに2人で話しかけるようにし、妻をいたわるように努力しました。

すると、2週間ほどしたときから、子どもが私たちの間に入って話を聞くようになり、笑うようになったのです。そして、自分から話しかけてくれるようになりました。いまでも、そのときの笑顔を思い出すとうれしくて涙が出ます。

親の思いがこれほど子どもに影響を与えているとは考えもしませんでした。これからは、この病気は治らないと決めつけないで、親として夫婦として、できることを精一杯努力してみようと思っています。

◆重度障害の子どもを授かって◆

結婚して以来、なかなか主人と心がひとつになれませんでした。それで、離婚を考え、実家に帰ろうと思ったのですが、そのとき自分が妊娠していると知ったのです。流産の心配があったため、3週間入院し、難産の末に男の子が生まれました。そのとき主人は、子どもに障害が残ることを知らされたそうですが、私には話せなかったようです。

子どもが9か月を過ぎたころ、痙攣《けいれん》を起こし、そのときはじめて「90％障害が残る」ということを聞かされました。

それを聞いた私は、「これからどうなるのだろう」と途方《とほう》にくれましたが、「この子は、私と主人を引き離さないようにしているんだな」と思い、「訓練すればきっと元気になる」「お参りしてお祓《はら》いしたら元気になる」と信じて、毎日あちこちを飛びまわっていました。

そんなとき、主人がある講演があることを聞き、子どもを連れて参加しました。

講演のあと、たまたま講演者の方と話す機会があり、次のように言われたのです。

「お母さん、お腹《なか》が大きかったときにご夫婦仲が悪かったのですね。離婚してこの子どもさんを育てるのは、大変ではないですか？　お2人の子どもさんですよ。

この子どもさんは、私たちより少し窮屈な〝地球服〟（身体）を着て生まれてきましたが、このお父さんとお母さんだったら、少し窮屈な〝地球服〟を着ていてもお世話をしてくれると思って、お2人を選んで生まれて来たと思われたらどうでしょうか。

この子どもさんは、身体は不自由でも神さまのように愛をたくさん持っています。この子どもさんを通して、愛を学ばせてもらえることに感謝して話しかけられると、こちらの話すことはすぐにわかるようになるでしょう。相手が理解できると信じて、どんなことでも声をかけながら練習していくことで、時間はかかりますが歩けるようになると思いますよ。

そして、この子どもさんのまわりに来られる方が、あたたかい愛を感じられるようになるでしょう。ご両親も愛をいっぱい持ってらっしゃるのですから」

その話を聞いて、私は、「自分は子どもという神さまに選んでもらえたのだ。よし、夫婦仲よく助け合って、みんなの希望になれるように奇跡を起こしてみよう」と決心したのです。

それからの成長は、はたから見れば小さなものだったかもしれませんが、私たちにとってはとても大きなものでした。

無表情だった子どもが、トランポリンで大笑いするようになり、大声で泣いたり食事を上手《じょうず》に食べられるようになりました。コップで水を飲むことができるようにもなりました。他の人にとっては当たり前のことが、私たちにとっては手を叩いて喜べることだったのです。

訓練も、「さあ、ママと一緒に遊ぼうね」と、楽しみながら進めていきました。子どもが楽しいと私も楽しい、私が楽しいと子どもも楽しそうで、喜びも何倍にもなりました。

お散歩に行くときは、家を出たら、「太陽さん、まぶしいねー、暖かいねー、気持ちいいねー」。風が吹けば、「風さんがピューと吹いたねー、寒いねー」と、とにかくあらゆることに私なりの表現をして話しかけました。

そうしたら、名前を呼ぶと「アー」と言って顔を上げ、返事もできるようになり、会話も理解するようになったのです。

現在7歳になりました。介助は必要ですが、歩行器を使って10メートルほど歩けるようになりました。

ここまで、何度も何度も夫婦げんかを繰り返しながらも、主人のお母さんに助けられてがんばってきました。その間、下に2人の娘を授かりましたが、2人とも、お兄ちゃんの気持ちがよくわかるやさしい子に育っています。

私が主人や他の人に想いを留《と》めると、子どもたちがすぐに体調をこわして気づかせてくれます。疲れて涙が出ることもときにはありますが、息子が障害をもって生まれてきてくれたからこそ、離婚もせずに家族の心がひとつになれたのだと思います。

◆幼児虐待《ぎゃくたい》の体験◆

私は、小さいころから父になぐられて育ちました。父は母とケンカするたびに夜遅くまで酒を飲み、暴れたのです。私は、中学を卒業しさえすればこの家から離れることができると思いながらも、父が寝ているとき、何十回父を包丁で刺し殺そうと考えたかわかりません。この先、たとえ父が病気や老いのために死んでしまったとしても、私はこの父を許すことはできないと思っていました。

中学を卒業してすぐに就職しましたが、職場の人たちとはうまくいきませんでした。そんなとき、年の離れた主人と知り合い、結婚退職しました。子どもを2人授かりましたが、とても性格が暗く、まったく親の言うことを聞きません。それでつい、私もなぐってしまうのです。

「このままでは、育児ノイローゼになるのでは…」と自分でも感じるほど、何もかもいやになって、1人でどこかに消えてしまいたいと思うようになりました。主人は子育てには協力する気がまったくなく、このままいくと、私は子どもたちを徹底的に虐《ぎゃく》待《たい》するようになるのではないかと不安な気持ちを抱えていたとき、子どもが幼稚園から講演のパンフレットをもらってきました。それを見て、「この人に助けてもらいたい」との一心で講演に出かけました。

私は、母親が父を憎む姿しか見て育たなかったので、職場にいたときも意見の合わない人はすべて憎み通すことで、自分の心を落ち着けていました。ふしぎだったのは、私がある人を憎み続けて、「事故を起こせばいいのに」と思うと、その人がほんとうに事故にあったりしたことです。

しかし、その講演で、人を憎んだり、呪《のろ》ったり、許せない想いを持つと、自分や家族にその何倍もの気づかなければならない体験が起きてくるという話を聞いて、いま立て続けに起こっていることは、私の許せない想いが強すぎるのが原因なのではないかと思ったのです。

それと同時に、「主人が協力してくれない、なぜ私だけがこんなにつらい目にあうのだろう」という気持ちから、感謝が足りず、自分の要求だけをしていたことに気づくことができたのです。

講演の後半では、ただ涙が理由なくあふれて、泣きながら聴いていました。悲しいのではなく、気持ちがスッキリと吹っ切れたような喜びの涙だったような気がします。まわりでも数人の方が泣いていらしたので、私と同じ気持ちだったのではないでしょうか。

講演から帰った後、メモしたことを冷蔵庫に貼《は》り、主人に感謝して子どもの前で愚《ぐ》痴《ち》を言わないように心がけました。そして、子どもが何かひとつでも自分のことができたら、「よくできたね」とほめる努力をしましたところ、驚いたことに、その日から子どもの顔がやさしくなり、主人が子どもの相手をしてくれるようになりました。いまでも、子どもが言うことを聞かないと、カーッときて、知らず知らずのうちに子どもをなぐっていることがありますが、1～2回叩いて、ハッと我にかえって手を止められるようになりました。

「当時の父も自分と同じ気持ちだったのだろう。だとすると、いま私になぐられている子どもは、当時の私自身の姿なのでは…」と考えられるようになり、父への憎しみが少しうすれてきています。

まだ完全に父を許すことはできませんが、この体験を通じて、私が変われば家庭が変わると実感しています。

◆息子の死から立ち直って◆

私は主人を病気で亡くした後、親戚《しんせき》、身内がいないため、一人息子を溺愛《できあい》しながら育ててきました。

子供を自分から離さないようにして、「いい大学に入るまでは勉強だけに集中して、遊びや部活はひかえてほしい」と言い続けてきたのです。

そのころから、子どもはときどき空を見上げて、

「旅行に行きたいなー、外国へ行きたい、どこか遠くへ行きたいなー」

とつぶやくようになっていました。

そんな息子の気持ちも考えず、

「大学に入るまでがんばりなさい、大学に入ったら遊びたいだけ遊んでいいからね」

と説得してきたのです。

塾には行かせても、受験に必要のない習いごとはいっさい許可しませんでした。

キャンプに行きたいと言ったときも、塾に行かせることに必死で、物を買ってあげる

ことでなだめながら、塾に行かせてきました。

そして、進学校へ進み、望み通り一流大学に合格することができました。

しかし、息子は入学式に大学の門をくぐることはありませんでした。交通事故で亡くなったからです。

「いままで私がしてきたことは何だったのだろう」と考えると、私は悔やんでも悔やんでも悔やみ切れませんでした。息子がいつも、「遠くへひとりで行きたいな」と口癖《くちぐせ》のように言っていたのは、私から離れて天国に行くということだったのでしょうか。

息子という支えを失ってからの私は、抜け殻《がら》のようになり、「私の子育ては間違っていた。取り返しのつかないことをしてしまった。それなら私もいっそ死んでしまおうか」と思いながら、仏壇の前に座って息子の写真を見つめる日々が続きました。

そんなある日、

「お母さん、人生には何が正しいとか、何が正しくないとかないんだよ。どれも正しいんだよ。僕は目標の大学に合格できた。これでやっとホッとしたよ。交通事故で僕は死んだけれど、お母さんの責任じゃない。僕の人生は僕が決めたんだから。お母さんは、僕を失ったことで気づけたことがたくさんあったよね。それが、とても大切なことなんだよ。いつまでも泣いていないで、僕がいなくなったことを早く受け入れて、がんばって生きていってほしい」

という内容が聞こえてきたのです。いえ、自分でそう思っただけなのかもしれませんが、心に伝わってきたのです。

これは、8年ほど前の話ですが、いままで息子のことを人に話せませんでした。息子の人生を奪《うば》ったのは私だと思ってきたからです。しかし、『家庭に笑い声が聞こえますか』という講演を聴いて、息子が何を伝えたかったのか、ようやく意味がわかったような気がします。

これからは、残りの人生、笑って過ごしたいと思います。ありがとうございました。

◆主人の母と歩み寄れて◆

私は義母と一緒に暮らしています。

最近は、私が掃除機をかけたり玄関を掃《は》いたりすると、義母が30分ほどしてから掃除をやり直すのです。ボケが出てきたのかなと思ったら、会話はしっかりしているのでムカムカしてきます。

ある日、義母に、

「私の何が気に入らなくて掃除をやり直すんですか？　アホじゃないの」

と言いましたら、いつもは上品な義母が、

「あんたも同じじゃないか。私がお茶碗を洗えば洗い直して…。アホはあんたじゃ」

と答えたのです。

私は、義母のしたことをやり直しているつもりはなかったのですが、義母は視力が悪くなっていて、汚《よご》れが落ちていないことが多かったので全部洗い直していたのです。でも、実際にやっていることは義母がやっていることと同じでした。

それにしても、日ごろは上品な義母がこんなに厳しい言葉を使うなんて、びっくりしました。日ごろから何かと義母のすることが気に入らず、私は耐えていると思っていたのに、気づかないうちに私も義母を傷つけていたのだと知り、ショックでした。主人にそのことを話しましたら、「ある、ある、僕はいつも傷ついている」と、笑いながら、でも納得しながら言っていました。

以前、下の子どもの学校である講演を聴いたことがあるのですが、その講演のなかで、

「鏡に向かって微笑《ほほえ》むと鏡の中の自分も微笑むけれど、怒っていると鏡の中の自分も怒ってみえます。それと同じで、相手の姿は自分の姿でもあるのです。相手からいやなことを言われた場合は、自分にはそのいやな姿はないか、自分の心の内面をみてください」

と言われたことを思い出しました。

そのときには、私には関係ない話と思っていたので、人ごとのように聴いていたのですが、私の母が、「人のふり見て我がふり直せ」という言葉を口癖《くちぐせ》のように言っていたことを思い出し、はじめて義母に、

「さっきはすいません、失礼なことを言って」

と謝りましたら、

「私のほうこそ、はしたない言葉を使ってすまなかったね」

と言われたのです。

この口論があってからは、上品な義母と同じ立場に立てたような気持ちになり、私もやがては老いていくのだから、大切にしてあげたいと思えるようになりました。

数日後、学校の役員さんと意見の違いが起きたのですが、水面下をみる方法で歩み寄ることができました。

水面下をみる方法を知ってから、悩むことが少なくなりました。

◆孫のアトピーと喘息《ぜんそく》◆

息子夫婦には子どもが2人いるのですが、2人ともアトピーと喘息《ぜんそく》がありました。

病院にも通いながら、健康食品がよいと聞けば食べさせ、ダニではないかと言われれば畳を替えたりしていたようです。

しかし、夫婦の間がうまくいかなくなり、離婚しました。

そのころから、アトピー、喘息はもっとひどくなり、いまは私が2人の孫を育てています。

私は、母親らしいことのできない嫁に不満がいっぱいありました。お友だちに会うたびにその不満を話していたとき、ある講演を聴きに行かないかと誘われました。しかし、そのような講演は、自分の子どももまともに育てられない嫁が聴くべき内容で、私は聴く必要がない、と断ったのです。

しかし、2人の孫はなかなかアトピー、喘息が治らず、カゼをひきやすく、熱も出るし、長男は家に閉じこもりぎみになりました。それで、お友だちに、やっぱり講演を聴きに行ってみたいと頼んで、嫁に話して聞かせようと思い、聴きに行きました。

講演後の質疑応答のときに、私の聞きたかった内容と同じ質問をされた方がいて、そこでまるで自分たちの家庭を見るかのような話が出てきたのです。

夫婦仲が悪かったり、お互い納得《なっとく》のいかない想いを我慢していると、その想いは部屋中に広がり、子どもたちが受け取ってストレスとなること。そのストレスが子どもたちの身体《からだ》にたまると、イライラしたり、暴れたり、かみついたりすることもあり、また、逆におとなしい子どもは我慢するので、熱、痙攣《けいれん》、アトピー、喘息などの症状で、そのたまったストレスを外に出すようになること。夫婦だけでなく、一緒に住んでいる大人の想いも同じで、憎しみや不平不満が強ければ強いほど、子どもにとって大きなストレスとなる、という内容でした。

それから、夫婦の問題に両親が口を出しすぎたり、家に入り込みすぎると、夫婦仲をこわす原因になるので、自分たちも若いときはわからないこと、できないことがあったと、若い2人を信じて、任せることも必要だ、とのことでした。

正直言って、孫2人を育てている私には問題はないと思っていたので、嫁に対する私の許せない想いも関係があると聞き、納得がいかずに、「私は悪くない」と友だちに話したところ、

「いままで言えなかったんだけど、何にでも口を出すあなたのその強い性格も少しは離婚の原因になったんじゃない？　いつも自分の意見と合わない人のことはよく言わ

ないし、カウンセリングの先生にしても、あなたに対して、『大変ですね』と言ってくれる人のところには相談に行くけど、『あなたに原因があるのでは?』と一度言われると、その先生のところには二度と行かないわよね。だから、私もいままでほんとうの気持ちが言えなくて、講演を聴いてあなたが自分で気づけたらと思って、何度も講演に誘っていたのよ」

と言われました。

「こんなに一生懸命やっているのに、なぜ私が悪いの?」

と、帰りはお友だちとほとんど話をせずに帰りました。

でも、何のために講演を聴きに行ったのだろうと考えたとき、嫁に話して聞かせるためだったと思い出し、講演の内容とお友だちから言われたことを、すべて嫁に話して聞かせたのです。

そうしたら、

「私はお母さんと結婚したのではない。家庭のこと、子どものこと、ひとつひとつ口を出されるのが耐え切れなかった。何かあるといつも私が悪者にされ、気の強い嫁だとまわりの人に話されるのもいやだった。もっとほっといてくれれば、ここまでストレスはたまらなかったのに」

と嫁が泣きながら言いました。

けれども帰り際に、

「私たち夫婦間の許せない想いも、子どもの病気の原因なのかな」

と、つぶやいていました。

私も知らないうちに嫁を傷つけていたことを知り、それ以来、嫁の悪口を言わなくなりました。そして、嫁と孫2人をできるだけ会わせるようにして、「この孫を産んでくれてありがとう」と嫁に感謝し、一時は恨んだお友だちにも感謝できるようになりました。そのころから、孫はアトピーや喘息がほとんど出なくなり、私も以前からあった肩こり、頭痛、めまいなどがなくなりました。

大人の想いが子どもや孫に与える影響について、初めて気づかされました。いまでは、息子夫婦の離婚を通して、また、孫2人を通してそれに気づけたことに感謝しています。

◆主人の輝きがもどって◆

幼稚園の先生をしています。主人と結婚したとき、主人はとても輝いていました。ところが、1年、2年と経《た》つうちに、主人からまったく輝きが消えてしまったのです。

私は、どうしてこんな人と結婚したのだろうと日々思うようになり、物足りなさを感じるようになりました。

幼稚園で子どもたちを相手にがんばっている自分にとって、家に帰ってくると「疲れた、疲れた」を連発する主人は、魅力がなくなってしまったのです。

私は離婚を決意し、幼稚園を辞《や》めようと思い、別なところで働こうと職を探しはじめました。

そんなときに、別の幼稚園で『家庭に笑い声が聞こえますか』という講演があると聞き、笑い声のない自分の家庭にふと気づいて講演を聴きに行きました。

講演を聴きはじめて1時間くらい経ったとき、

「人は誰でも光のような輝きを持っていますが、自分に自信が持てなくなり、また家族の感謝が足りないと、輝けなくなってしまいます。

逆に、自分に自信を持ち、家族に感謝されると、その輝きが大きくなり、仕事のミスやトラブルが起こりにくくなるのです」

というお話を聞き、涙が止まらなくなりました。

いままで私は、感謝することもなく、自分の要求だけを主人に押しつけ、主人のために何かをしてあげたことがありませんでした。そして、主人に対して物足りないと思ってきたのは、私が主人を押さえつけてきたことに気づいたのです。

それで、帰ってからさっそく主人に講演の内容を話し、お互いに向き合ってみました。

「私に言いたいことがあったら言ってください」

と言いましたら、主人がひと言、

「うちの家庭には奥さんがいない。でも、母親が2人いる」

と答えました。

振り返ってみると、主人に対して、「あれしなさい、これしなさい、お風呂には入ったの？　食事はすませたの？」と、幼稚園の生徒と同じように扱ってきたのです。主人のお母さんも、なんでもてきぱきとされる方ですから、主人には安らげるところがなく、厳しい母親が2人いるというふうに感じていたのでしょう。

そのことがあってから、私は離婚を思いとどまり、主人の意見を大切にするように心がけましたら、うれしいことに主人の輝きがもどりはじめたのです。

今回、偶然にも講演を聴きに行くことができ、結果として離婚を思いとどまれたことにとても感謝しています。自分自身で気づけることのすばらしさを体験できて、ほんとうによかったと思います。

◆アダルトチルドレンから自立して◆

私は大学受験を失敗し、就職試験までも失敗してから人格が変わりました。

「私の人生を狂わせたのは、両親が離婚したから。私が大学に合格できなかったのは、弟の面倒をみなきゃいけなかったから。お友だちがカラオケに行くときに行けなかったのは、母が休みなく働いていたから。母の期待に応《こた》えるために、いつも優等生でいなければならなかった。結局、それは私の人生ではなかった。母のための人生だった。だから、私の人生を返して」

と、すべて母を責めていたのです。

自分が失敗すると必ず他人のせいにして、自分の意見を正当化して、興奮すると大声でわめき、あなたのせいだと泣きました。

母はそんな日々に疲れ果て、あるクリニックに私を連れて行ったのです。カウンセリングを受けたところ、「アダルトチルドレン」と言われ、先生から親子でこの講演を聴いてみられてはと、パンフレットを渡されました。

その講演は、『家庭に笑い声が聞こえますか』というテーマでしたので、アダルトチルドレンとは関係ないと思ったのですが、たしかに1年以上笑えていないと思い、とりあえず聴きに行きました。

講演のなかで、

「子どもが育つときは、親の期待が強すぎたり、または苦労している親をみて育ったりすると、親を助けてあげたいという気持ちから、しっかりしなければ、甘えてはいけないと自分に言い聞かせ、自分の甘えたい気持ちを心の中に閉じこめてしまいます。しかし、何かショックなことが起こると、それがひきがねになり、それまで反抗できなかった寂しさ、つらさを爆発させることがあります。

それは、自分の寂しかった気持ち、甘えたかった気持ちをわかってほしいという素直な子どもの気持ちにもどるからなのです。そうなると、相手の気持ちを考えるということができなくなります。この症状が出たということはおかしなことではなく、むしろ喜ぶべきことなのです。子どものときに甘えられなかったので、大人になってから子どもをやりたくなっただけなのですから。

解決方法としては、小さかったときから寂しかったこと、つらかったことなどの話を、ご両親が全部聞いてあげてください。そして、『ありがとう』と何度も何度も抱きしめてあげてください。2人でショッピングに行ったり、お料理を作ったり、お風呂で背中を流し合ったり、一緒に寝たり、子どもにすることと同じことをしてあげればいいのです。『アダルトチルドレン』という難しい言葉は私にはわかりませんが、この方法でみなさん解決されています」

と話されました。

講演が終わると、母は、「ごめんね。ごめんね」と泣きながら私を抱きしめてくれました。そのとき、私の身体《からだ》から何かがスーッと抜けていく感じがして、気持ちも身体もラクになりました。

そして、母はその日から2人でお風呂に入ったり、ショッピングに行ったりと実践してくれたのです。1週間母に甘えることができ、心が満たされていくと、母への怒り、憎しみが消えていきました。立派じゃなくても、優等生じゃなくても、ありのままの自分であればいいと、いまの自分がすてきだと思えるようになり、とても幸せな気持ちになれたのです。

その結果、お母さんに、そして、私の性格が変わり暴れていたときにも変わらずに接してくれた弟にも、感謝することができるようになりました。

母はその講演を聴いて、別れた父に対して、まだこだわりがあって許せていなかった自分に気づくことができたと話してくれました。いまでは、講演を聴くように勧めてくださったクリニックの先生にもとても感謝しています。

◆脱毛症になって◆

長女が15歳くらいから髪が抜けはじめ、現在20歳ですが、ほとんど髪がありません。5年ほど、病院やカウンセリングなど精神的な治療を受けながら育毛剤などを使っていますが、効果がありません。現在はかつらを使用しています。

神経質にならないで、と注意するのですが、いつもピリピリしていて、髪のことばかりを気にしているのです。どうしたら、子どもの性格を変えられるものかと主人と病院に相談に行きましたら、ある看護婦さんが、

「お役に立てるかどうかわからないですけれど、この講演に行ってみられたらどうで

すか？」

と、パンフレットをくださいました。

私たちは、

「講演を聴いて脱毛症が治るわけではないので」

と、一度はパンフレットをお返ししたのですが、看護婦さんは、

「私は家庭崩壊寸前でしたが、この講演を聴いて、自分の足りない点に気づいて家庭が変われたんですよ」

と話してくださったのです。

その話を聞いた私たちは、石川県まで夫婦で聴きに行ったのです。

そこで、私は自分のことを話されているのではないかと思うほどの衝撃を受けました。

私は子どもに、外出から帰ったら手を洗う、口をすすぐ、食事をしたら歯を磨く、食べるお菓子も、これはダメ、あれもダメと厳しく言い、身体《からだ》に少しでもよくないものは食べさせませんでした。

職場でも、お昼休みに、みんながおやつを食べたり、大声で笑ったり、おしゃべりしたりすることが、実にくだらなく思え、誘われても絶対に仲間に入りませんでした。とくに仕事で失敗の多い人、手を抜く人に対して、納得がいかず、相手を許せないという想いを持っていたのです。

私の心の中には、いつも「私はあなたたちとは違うのよ」という気持ちがありました。私は、手を抜いた仕事ができない性格なので、他人の失敗を受け入れられず、相手を裁《さば》いてばかりいたのです。

おまけに家庭では、立派なお母さんと言われたくて料理も手作り、部屋もきちんとお掃除して、こうでなければならないと、こだわった生活をしていました。主人に、「休みの日はもっとゆっくりしなさい。たまには料理も手を抜いていいんだから」と言われ、子どもたちからは、「日曜日くらい、ゆっくり寝ておこうよ。お母さんが朝早くから掃除を始めると、私たちも眠れない」と言われ続けてきたのに、聞く耳を持たなかったのです。

13歳ぐらいのとき、長女は美容室からの帰り、

「髪型が気に入らない、こんな頭は見たくない」

と機嫌が悪くなり、私までも娘と一緒になって、その美容室の人に電話で厳しく苦情を言い、数か月間もそのことを許せないでいました。

ところが半年後、長女から、

「あのときお母さんがあの美容室に連れて行かなければ、私はこんな髪にならなかった」

と言われ、ショックを受けました。いつのまにか娘は、私と同じ性格になっていて、美容室の人を許せないでいたのだと知ったのです。

いつも世間体やプライドを気にしている私にとって、人の失敗は許せないことでした。講演のなかで、「完璧すぎる親は子どもにプレッシャーを与え、気づかないうちに完璧を求める子どもを育ててしまいます。逆に、自分の失敗を笑って話せる親は、何でも話せるのびのびした子どもを育てることができます」と話されていました。

そして、「自分と意見の違う人から学ぶことは多いといわれます。ゆっくり仕事をする人、失敗の多い人、いろいろな人がいるからバランスがとれているのだと思いませんか？」というお話を聞き、私の想いが子どものピリピリの原因であり、子どもの性格をつくったのは自分なのだと気づかされたのです。

主人から、

「当たり前のことなのに、いまの大人が忘れている大事なことを話されている。私たちが変われば、娘の髪は必ず生えてくるよ」

と言われ、さっそく生活を変える努力を始めました。

そして、実践していくうちに、子どものピリピリ、イライラが落ち着き、最近はほんの少しですが、うぶ毛が生えてきています。

まだまだこだわりから抜け出せない私がいますが、主人に注意してもらいながら、他人を認める練習をしています。

◆娘の援助交際◆

高校生の娘が、最近高価なものを買ってきて身につけるようになりました。「それどうしたの?」と聞くと、お友だちから借りていると答えるのです。

最初はそのことを信じて、「早く返しなさい」と言うだけでしたが、バッグ、靴、服と増えていくのです。問いつめてみると、「アルバイトしたお金で買った」と言いました。しかし、そのアルバイトとは援助交際のことで、それらのものは交際した男性からもらったお金で買ったり、またプレゼントされたりしたものであることがわかったのです。

主人はそれ以来、子どもとは話もせず、「母親の育て方が悪いからこんな子どもに育ったんだ」と、私に対して怒るだけです。お金の不自由などさせずに育ててきたのに、ただ恥ずかしくて涙の出る思いです。

私たち夫婦は、人さまに言っても恥ずかしくない学歴で、そういった職業にも就いていますので、子どもがこのようなことをするのは家の恥だったのです。

また、学校にも登校していないとお友だちから聞き、いっそアメリカにでも留学させようかと考えていたところ、下の子どもが学校からある講演のパンフレットをもらってきました。それを見て、子どもをなんとかしてもらいたいと思って講演に出席し、アドバイスをお願いしました。

そうしましたら、

「お母さん、子どもさんはほんとうにお金が欲しくて援助交際をされたと思われますか？　家庭に何が足りなかったのか振り返ってみてください。お母さんは、子どもさんの夢とか、どんな色の洋服が好きだとか、どんなタレントさんが好きなのか、ご存じですか？」

と聞かれて、答えられませんでした。仕事が忙しくて話す余裕もなかったのです。

そして、

「その子どもさんは、愛がいっぱいで、やさしい心を持っていらっしゃいます。一流の大学に合格するようにプレッシャーをかけるだけの会話では、子どもさんにとって寂しすぎたのではないでしょうか。学歴のことなどではなくて、現実からほど遠いような夢や考えであっても、『ダメでもいいからやってみなさい』と、自分の夢を聞いてくれるお父さん的な存在の男性に出会って、安らげたのかもしれませんね。娘さんのしたことを一方的に責めるのではなく、なぜ娘さんがそのような行動をとったのか、その原因に気づくことが大切ではないですか」

と言われました。

そうした話を聞いていくうちに、家庭をみていなかったこと、夫婦仲が悪く主人をライバル視していたこと、また、子どもの問題はすべて私の責任にする主人を許せないでいたこと、問題が起きると、留学させるとか親戚の家に預けようとか考えて、ほんとうに子どものことを心配していたのではなく、世間体やプライドを重要視していた自分に気づけたのです。

講演から帰ったあと、夫婦で子どもと向き合って、子どもの気持ちを聞いてみると、

「はじめは、親が喜んでくれるならと学校も塾もがんばったけど、成績が上がってもほめてもらえなかった。だんだん親の望み通りのよい子であることに疲れてきたときに、私の話をきちんと聞いてくれるやさしいおじさんと出会って、会うたびに、まるでやさしいお父さんといるようだった。おじさんも家に帰ると居場所がないらしく、寂しそうだった」

と話してくれたのです。

その話を聞いた主人は、

「自分の子どもが他人に救われていたことに気づかなかったなんて、恥ずかしい」

と言い、娘に、

「自分の行きたい大学に進み、仕事も自分で選びなさい」

と言ってくれました。

私は、世間体とかプライドとかなかなか捨てきれなかったのですが、主人のその一《ひと》言《こと》で学歴よりも娘の幸せがいちばん大切なのだということを教えられました。

援助交際で家庭が崩壊しかけましたが、この体験によって、忘れていた当たり前の生活を思い出すことができました。

「雨降って地固まる」となり、家族全員で再出発です。

◆自分の思いこみから◆

私は、彼と付き合ってすぐに妊娠しました。そのとき、彼の母親から、「産むの？」と聞かれ、大変ショックを受けました。お互いきちんとした気持ちで結婚したのですが、それ以来、心の中では、この子が生まれても姑《しゅうとめ》には抱かせないという気持ちをずっと持っていました。

子どもが生まれると、姑は毎日のように病院に顔を出し、子どもの服などを揃《そろ》えてくれました。

しかし、私は退院後も姑のあの言葉が許せずに、イライラした気持ちで子どもを抱きながら、「あなたをおばあちゃんには抱かせないからね」と言い続けていました。

ところが、子どもが生後3か月を過ぎたころからアトピーや喘息《ぜんそく》になり、カゼで熱を出すことが多くなったのです。小児科の先生から、「子どもにストレスを与えていませんか」と聞かれましたが、「大事に育てています」と答えていました。

そんなある日、小児科の先生が、ある幼稚園で講演があることを教えてくださいました。聴きに行きましたところ、私に当てはまるような内容ばかりだったのです。

その講演を聴いて、子どものアトピーや喘息の原因は、自分の姑を許せないという想いが関係していることに気づけたのです。その許せないといった想いを、子どもは熱や痙攣《けいれん》、アトピー、喘息などで発散していたのだと思います。

それから、帰ってすぐに姑の家に行きました。そして、妊娠したときに、「産むの?」と言われた言葉に傷つき、ずっと心に留《と》めていたことを正直に話したのです。

すると、姑から、

「私、そんなこと言ったの? ごめんなさいね。覚えていないわ。あなたが若かったから心配してそんなこと言ったのかしら…」

と言われ、2年近くも自分で悪いほうに思いこみ、姑を憎んでいたことがバカらしく思えてきました。

あのとき私は、姑は私の子どもが欲しくないのだと決めつけ、許せなかったのですが、私がまだ19歳だったこと、勤めだしてまだ間もなかったことを心配して、「産むの?」と聞いたのかもしれません。

そのことがあってからは、姑に子どもを抱いてもらうようになりました。すると、私の憎しみやこだわりがとれたころから、アトピーや喘息といった病気が出なくなったのです。

また、私は、主人が出張すると、「また子どもの熱が出るのでは…」と心配し、それが現実となっていつも病院に通っていました。しかし、姑から、「子どもが育つときは、熱も出るものよ。そうやって子どもは大きくなっていくのよ」と言われ、不安がなくなり、熱が出てから心配しようと思うようになったのです。いまではほとんどカゼをひくこともなくなりました。

この体験を通して、自分が成長できたような気がします。

◆ありのままの自分を受け入れたとき◆

小学校1年生のときに、ストーブの火がパジャマに移り、火傷《やけど》を負ってしまいました。そのときに、左の腰から胸、そして左の顔にケロイドが残ってしまったのです。

母はそのとき、夕食の仕度《したく》で足りないものがあったので、近くのお店へ出かけていました。ストーブをつけてはいけないと言われていたのに、マッチをつけてしまったために起きた事故でした。

母は、「あのとき、忘れた物を買いにさえ行かなければ…」と自分を責め続け、何度も泣きました。私も、「あのとき、ストーブにさえ触《さわ》らなければ、こんなに母を苦しめることもなかったのに…」と後悔しました。

腰と腕は服で隠れるのですが、左の頬のケロイドは隠すことができず、人前に出ることがいやでした。「その顔どうしたの?」

と聞かれるたびに、火が燃え上がったときのことが思い出されて怖かったのです。

中学生になったとき、転校生の女の子が隣の席に座ることになりました。その女の子は、なぜか一度も顔の火傷のことを私に聞きませんでした。

半年ほど過ぎたとき、

「みんな顔のことを聞くのに、どうしてあなたは聞かないの?」

と尋《たず》ねてみました。

すると、その子は、

「私は、小さいときに再婚した父親から心の傷を負ったことがあるの。だから、つらい話はしたくないって、私にもわかるから」

と話してくれました。そして、

「あなたが火傷したことは事実だけど、あなたに変わりはないのよ。心が傷ついた私も私に変わりはなく、そのあなたと私はお友だちなんだから、恥ずかしがらずにすべてを受け入れればいいのよ」

と言ってくれたのです。

それからの私は、過去のことも自分にとっては必要だったのだと受け入れることができ、堂々と人前で話せるようになり、明るくなったことでお友だちもたくさんできました。

私が気にしなくなったころから、母が自分で自分を責めることもなくなりました。私の悔やむ想いが母にも伝わっていたのだと思います。

火傷という体験から、「すべてを受け入れて、いまを一生懸命に生きることの大切さ」を学ぶことができました。

◆刃物やピストルを持ちたくなって◆

僕は6歳くらいのときに、両親のけんかを見てとても不安になりました。母がくどくど言いだしたので、父がうるさくなって突き飛ばしたのです。どちらかと言えば、母が悪いのに、僕は父を許せなくなり、それがきっかけで、何が怖いというわけではないのですが、眠るときはいつも、おもちゃのピストルをいつでも撃てるように準備して、布団の中に入れて眠るようになったのです。ときどきは、目標物を決めては撃ったりもしていました。

母は、男の子だからピストルを持っていてもふつうだと思っていたようですが、刃物やピストルがないと不安だったのです。

両親にとってはささいな口論だったかもしれませんが、僕はとても傷つき、不安になりました。友だちとちょっとしたけんかをしても恐怖感に襲われ、学校に行くときはナイフをカバンの中にいつも持ち歩いていました。

僕はいま18歳ですが、同じ年くらいの子どもが殺人などいろいろ起こすのは、したくてするのではなく、勝手に行動してしまい、そのときの自分は自分ではないのだと思います。

僕も、妹に向けておもちゃのピストルを撃ったことがあり、弾《たま》が当たった妹は泣きました。そのとき、両親からは、「なぜそんなことをしたの！」と、ひどく叱られましたが、それは僕ではないもう1人の僕が勝手にしたのです。

そんなとき、ある講演を母と妹と3人で聴きに行く機会がありました。

その講演のなかで

「ささいな夫婦げんかであっても、子どもにとっては心の傷として残る場合があるのです。子どもたちの相談のなかで、両親がけんかすることが一番つらいとよく聞きますが、そのようなことがきっかけで不安になり、刃物やピストルを持つようになるのです」

と話されていました。その話を聞いて、1人ひとりが少しずつ家族を思いやることができたら、心は満たされ犯罪や事故も少なくなるのではないかと思いました。

◆子どもが精神科に入院して◆

私たち夫婦は教師をしています。子どもは男の子が2人いるのですが、長男が17歳ぐらいから精神的に不安定になっていきました。

やがて暴れるようになり、私たち2人では手がつけられないと思い、精神科に入院させました。それから、たまに外出許可を取ることはあってもまた病院にもどしていたのです。

その間に、子どもは何度も「家に帰りたい」と言ったのですが、私たち夫婦2人とも教師であるために忙しいことと、世間体などを考えると、精神的に不安定な子どもを家にもどすことに抵抗がありました。

そうしているうちに月日が経《た》って、もうすぐ子どもは27歳を迎えようとしています。

私たちは、まわりに内緒でいろんな人に相談をしてきました。

しかし、結果的にあまり変わることはなかったのです。

そんなときに、お友だちの先生が、「この講演を聴いてみませんか?」ということでご一緒してくださいました。

そのときに相談ができるのであればと思って参加したのですが、講演のなかではあくまでも自分で実行してみるということになっていましたので、夫婦で真剣に講演を聴き、何に気づいたらよいのかを話し合いました。

そして、「子どもと向き合ってください」と言われたことを思い出し、精神科から外泊許可をもらって連れて帰りました。

とても話し合える状態ではないと考えていましたので、一方的に伝えるだけでいいと思っていたのですが、子どもの気持ちを聞いて驚きました。

私たちに気づかせるかのように、しっかりとした口調で自分の気持ちをはっきりと言ってくれたのです。

「僕は、小さいときから先生の子どもだからということで勉強も運動もなにもかも完璧《かんぺき》を求められるだけで、愛されることがなかった。お母さんは仕事や自分のやりたいことに一生懸命で、いつも寂しい思いをしていたんだ。ときにはいたずらをしたり、みんなと一緒に遊んだり羽目《はめ》をはずしたかったけれど、両親が教師であるということで、みんなから遊びに行こうと誘われても、迷惑がかかるようなところには行かなかった。

そして、一生懸命両親に好かれようと努力をしたけれど、もっともっとと上を望まれ、いい子でいることに疲れ果ててしまったんだ。

それに、すべてにおいてお母さんの意見が優先し、お父さんがお母さんに言われる通りに動いていることがはがゆかった。お父さんには、もっと父親らしくあってほしいと思っていた。そのことをお父さんに何度言いたかったかわからない。お母さんの意見は、僕にとってはすべてが正しいとは思えなかった。

そんなお母さんは、人前ではみんなによく見られるようなことは一生懸命やっていたけれど、家庭を振り返ったりお父さんのことを一生懸命やろうとしたことはなかったよね。いつも人にどう思われるか、世間体やプライドばかりを気にしていた。

そんななかで僕たちは育てられてきた。弟は僕を見て育ったので要領がよく、見つからないよう悪いこともやっていた。でも、僕は我慢して、いい子でいるように努力したために、爆発してしまったんだ」

私は、青少年育成や家庭教育のために、力を注いできました。それがすばらしいことだと思っていたからです。

ところが、私のしてきたそのこと自体が、長男にとっては負担になり、重荷になっていたのだと言われたときに、とてもショックでした。

それから、息子は、

「青少年育成や家庭教育のために、あんなに一生懸命になれるのだったら、僕のためにも少しでも時間をさいてほしかった。僕はどれだけ寂しい思いをしたかわからない。

なぜ僕を見てくれないんだろう？

なぜ精神科の中に入れっぱなしにされているんだろう？

そんな寂しい僕の気持ちを、お父さんもお母さんもわからなかったでしょう?」

と、泣きながら答えたのです。

私たち夫婦は、子どもの気持ちを10年も気づけないでいたのです。

それからは、子どもから言われたことを実践するために、活動を減らす決心をしました。

そして、みなさんにも正直に、いま自分の子どもが精神科にいることをお話しして、役を下ろしていただきました。

いまは10年間してあげることのできなかったこととして、子どもと向き合って一緒に生活をしています。精神科の先生に相談しながら、お薬を少しずつ減らしていただき、子どもはいま元気になっています。

もっと早くこのことに気づいていればと思うと、涙が出てきます。

私たち夫婦は、精神科に入院している子どもがいることを世間に隠そうとして、ほかのことに一生懸命目を向けてきました。

でも、自分の子どもと向き合えないで他人のことばかりしていても、それはほんとうの愛ではないと気づいたのです。

また、いままで主人に対して傲慢《ごうまん》で、常に自分のほうが主導権を握ってきましたが、子どもから言われた通り主人を立てるようにして、主人の意見を聞くように努力してみました。

そうしたら、主人のストレスがなくなるにつれて家のなかは明るくなり、子どもも、この家は息苦しいとか、身体が重くなるとか、言わなくなりました。

いまは家庭に笑い声がもどっています。

あとで聞くと、弟のほうも実は爆発しそうになったことが何度もあり、お友だちからも、「おまえの親は、子どもはほったらかしで地域活動や青少年育成と目立つことばかりやっているけど、家庭はみてないんじゃないか」と笑われたことがショックで、心を閉ざしていたこともあったそうです。

今回、この講演を夫婦で聴きに行けたこと、そして誘ってくれたお友だちが、「自分に置き替えて講演を聴いてね」と言ってくれたことがきっかけとなって、家庭に笑い声がもどりました。

いまでは長男も家の片づけやお料理までしてくれるようになり、短い時間ですが、アルバイトを始めました。我が家にも春が訪れています。

◆ドラッグの体験を乗り越えて◆

僕は16歳で薬物を使いはじめました。父はアルコール中毒で働くこともせず、母はそんな父に愛想を尽《つ》かし、僕が10歳のときに家を出ました。

家には何も食べるものはなく、学校の給食でお腹《なか》を満たしていたのですが、ときどきは、お腹がすいてパンを盗んで食べたこともあります。警察に補導されながらも、なんとか中学を卒業しましたが、父親からなじられ、暴力をふるわれ、つらい毎日でした。僕は、ドラッグを使っているときだけが不安や寂しさから逃れることができたのです。

僕には、ドラッグを使っていた仲間が3人いました。1人は母親が再婚して、義父からいやがらせを受け、傷ついて薬物に手を出した子。もう1人は虐待《ぎゃくたい》を受けて家出し、シンナーを吸っていた子。そしてもう1人は、両親は離婚したいけれども、子どもを引き取る気がないと言われ、ショックからシンナーを吸いはじめた子。家庭環境は4人とも似ていました。

あるとき、1人が、だれかに襲われるような気がするとナイフを持ち歩くようになりました。そのナイフを振りまわしている姿を見て、僕ら3人は怖くなり、薬物をやめようと話し合い、集まることをやめました。

ところが、僕は1人でいると不安、恐怖心から、ちょっとした親とのトラブルで暴れだし、警察に補導されました。おかげで薬物はやめられましたが、毎日が苦痛でした。頼るものがなくなったからです。

他の同級生は幸せそうなのに、なぜ自分だけがこんな家庭に、と思うと、父親を殺してやろうかと思ったことが何度もありました。

そんなとき、警察まで親の代わりに来てくれた同級生のお母さんが、あるおばさんに会わせてくれました。

その人は、「あなたはやさしい人です。よくここまでがんばってきましたね。この体験を通して学べたことは、あなたにとって宝物なのですよ。あなたがご両親を許し、認めてあげることができればね」って言ってくれたのです。そして、「ねぇ、笑ってみて」と言われたときに、思わずほほえんだ僕の顔をみて、「あなたの笑顔ってすてきだよね」と言われました。生まれてから一度も認めてもらった記憶がなかった僕は、その言葉がうれしくて涙が出ました。

それから、他にもいろいろと話してくれて、「いつもその笑顔でいたら、すぐにガールフレンドができますよ」と言われ、それから僕は、やさしい顔でいられるように努力しました。

両親が不幸だから僕まで不幸になることはない、僕は幸せになれると強く自分に言い聞かせ、一生懸命建設現場で働きました。そんな僕に彼女ができるのに、時間はかかりませんでした。彼女ができてからの僕は、不安、恐怖がうそのようになくなり、5歳年上の彼女を早く幸せにしてあげたいとがんばったのです。

いまを一生懸命生きることの大切さに気づき、幸せをつかみました。何の苦労もなく育っていれば、人に感謝することなどなかったと思うし、建設現場で働いていたから彼女とも知り合えたのです。

いまの両親でよかったのだと、やっと思えるようになりました。現在、2歳の女の子の親になりました。近いうちに、アルコール中毒の父親に子どもを見せに行くつもりです。

2

愛をそそぐ

社会とのかかわりのなかで起きた悩みや問題を、
自分の力で解決した人たち

◆会社での挫折感から立ち直って◆

私は一流の大学を卒業し、一流の商社に入社して、すべてがスムーズに進みました。大学の研究発表でも必ず認められていたので、やる気十分の入社でした。新人の企画会議では、私の作成した企画が最終審査のなかに残っていると聞き、それまでと同じように私の案が採用されると思っていたのですが、友人の企画が採用されたのです。

それからは、なぜ自分の企画は不採用だったのかと、そればかり考えるようになりました。そして、すっかりやる気をなくしてしまいました。

企画が採用された友人には、「おめでとう、君の実力だよ」と言っていながら、彼にはコネがあったのではないだろうかとか、私のほうが一流大学なのにとか、友人が入社していなければこんなことにはならなかったのにとか、とんでもないことを考えてしまい、ついには会社に行けなくなってしまったのです。

私の学歴ならどこでも採用してくれる、会社を辞《や》めたほうがいい、という考えが浮かんできて落ち込んでいるとき、ある銀行のATMに『家庭に笑い声が聞こえますか』

というパンフレットが貼《は》ってあるのを見つけました。

「自分が笑えるようになる講演なら…」と思い、何となく足を運びました。

講演を聴いていると、成績優秀で挫《ざ》折《せつ》を知らないで育った人についての話が出てきました。

「仕事を始めたときに、自分の意見や企画が通らないと、自分の人格まで否定されたと思い込んで、人と話せなくなってしまうことがあります。そんなときは、『挫折という貴重な体験をさせてくださってありがとうございます』と、自分自身に感謝してみてください。その挫折は、その人の器《うつわ》を大きくするための体験であり、意見や企画が採用されなかったことが重要なのではなく、その体験から何を学んだかが大切なのです。挫折を知らなかった人が、挫折の体験をした人と同じ目線で立つことができるようになったのですから」

講演のあと、たまたま講演者の方と廊下で会ったので、自分の悩みを質問してみました。

そのとき、次のようなアドバイスをされました。

「どんなにすばらしい企画であっても、その商品をお客さまが購入したいと思わなければ意味がないと思います。その企画がお客さまの求める内容の企画であったかどうか、そして、あなたがお客さまの立場に立って企画を考えることができたかどうかが大切なのではないでしょうか？」

その話を聞いて、たしかに採用された友人の企画は、お客さまの立場に立ったものであったという点が自分の企画と違っていたことに気づくことができました。

そして、それに気づけたことが会社にもどるきっかけとなったのです。

私には、相手の立場に立って考えるという大切な「こころ」が欠けていたような気がします。

いまでは、その大切さに気づかせてくれた友だちや上司の方にも、「ありがとう」と思えるようになりました。

◆家庭が崩壊して気づいたこと◆

私は21年前、人さまのためにお役に立ちたいと思ってある新興宗教に入信しました。子どもを産んでからも、ただひたすら奉仕活動と宗教活動をして幹部になり、会員の方々から相談を受けるようにもなっていたのですが、なぜか会員の方のために動けば動くほど、自分の家庭が崩《くず》れていったのです。

もともと、主人も子どもも私の活動には不賛成で、家庭内の口論は絶えませんでした。精神世界に関する本を100冊以上読んでいた私は、自分のほうが正しいと思っていたからです。

やがて、主人に女性ができてときどき家に帰ってこなくなりました。子どもは不登校になり、ついには家出してしまい、私はこんなに人のためにご奉仕しているのに、なぜ主人も子どももわかってくれないのだろうと2人を許せませんでした。

一生懸命ご奉仕していれば、いつか気づいてくれる日がくると信じてがんばっていたのですが、ある日、突然トイレで出血したため産婦人科に行ったところ、不正出血、子宮内膜症と診断されたのです。

お医者さまは、

「ストレスからですね。治療は私がしますが、悩みごとはセラピストの方に相談してください。私はこのセラピストの方と直接会ったことはないのですが、患者さんが何人か相談されて明るくなっていますので…」

と言われ、ある講演会のパンフレットをくださいました。

「新興宗教や精神世界の本をたくさん読み続けると、知識だけでわかっていることを自分はできていると勘違いをしてしまい、人を裁《さば》きはじめることがあります。身のまわりで起こることは、すべてその人に何かを気づかせるために起こるのであって、気づこうと努力していない人や他人に依存している人のために尽くしても、その人のためにならないこともあるのです。

たとえば、万引きをしている人を見つけたとき、捕まえるとかわいそうだからと思って見逃してしまうと、それを繰り返すうちに泥棒《どろぼう》になってしまうかもしれません。

このように、情《なさけ》を出しすぎると、相手のためにならないのです。

また、自分の家庭を大切にできていないのに、他の方の相談にのってあげても相手には伝わらないことがあります。自分が実践できていないことは、いくら言っても相手の心に入っていかないからです。自分の家庭を大切にして、あなたの輝いている姿こそが、まわりを元気にするのです」

講演で聴いたそうした話のひとつひとつが、自分に当てはまっていたので、教団を離れる決心をしました。たくさんの方々を入信させた責任がありましたので、みなさんに、自分自身が実践できていなかったということに気づけたことをお話しし、教団を退会させていただきました。

主人と子どもには、退会したことを話し、まず、家の掃除や食事の支度といったことを実践していきました。

一生懸命実践して、1か月が過ぎたころ、ふと気づいたら主人も子どもも毎日家に帰ってくるようになっていたのです。そして、笑わなかった家族が、いえ、笑えなかった家族が笑えるようになりました。

それまで、「神」や「奇跡」はご奉仕のなかにあると思っていました。主人は、他人のことより、まず家庭を大切にしてほしいと口癖のように言っていたのですが、いまになってそのことがよくわかりました。

講演のなかで、

「真理は家族や友だち、親など、まわりにいる人が伝えてくれるもので、決して特定のセラピストやカウンセラー、教祖さまが伝えるものではないと思います。昔から、『天は自ら助くるものを助く』という言葉があるように」

という話が心に残っています。

その後、不正出血も子宮内膜症もよくなり、産婦人科の先生に、「自分で治すことができたね」と言われました。いまでは、ご指導いただいた教団の先生方にも感謝しています。

◆会社をリストラされて◆

10年間勤めた会社で、私だけがリストラされました。家のローンも残っており、「なぜ私だけが…」と思うと、社長を許せませんでした。自分が会社のためにやってきたことなどが思い出され、ますます許せなくなり、眠れなくなりました。

そのうち、頭や肩が重くなり、イライラすることが多くなって、少し気に入らないことがあると全部まわりの人が悪いと思いはじめるようになったのです。妻や子どもは、そんな私に、腫《は》れ物に触るように接していたそうです。私は、そのことにまったく気づきませんでした。

とうとう、不眠症で神経内科に通うようになったある日、妻がある講演を聴きに行って、帰ってきてからその話をしてくれました。

講演では、「リストラされても悩まなくていいですよ。意味があるからいろいろな体験をするのであって、あとになって、その職場に執着《しゅうちゃく》しなくてよかったと思うこともありますから、感謝してみてください」という話をされたそうです。

その話を聞いてから、自分がリストラされたのは、まだ若いので、先のあるうちに新しい職場に移ったほうがいいのでは、という社長の配慮があったと思うようにしたのです。そうすると、自然と憎しみがなくなり、感謝できるようになりました。

自分のことしか見えていなかったときは、憎むことばかりで笑うことができずに体調が悪かったのですが、リストラされたことを素直に受け入れて感謝するようになってからは、イライラしなくなり、薬も飲まなくなりました。

そして、ふしぎなことに、やさしい顔にもどったらすぐに次の仕事が見つかったのです。以前は、同じ職種でなければとこだわっていましたが、新しい職場の人たちがいい人ばかりで、いまは楽しく働いています。自分の気持ちが変わることで、こんなにものごとの流れがよくなるとは思いませんでした。

リストラされたことがきっかけで、はじめて人の痛みがわかるようになりました。人を憎んだり許せなくなったりすると、まわりが見えなくなるものなのですね。この体験で、自分の心がひとまわり大きくなったような気がします。

◆僻地《へきち》に転勤して◆

教師になって25年が経《た》とうとしていたときのことです。

私は、それまで進学校で教師をしてきて、たくさんの生徒をいい成績で大学に送り込んできました。

自分の子どもも優秀な成績で育ち、社会人になり、文句のつけようのないくらい立派な会社に勤めてくれました。

そんななかで、私は転勤するたびにより大きな学校へと昇進の階段を駆け上がっていったのですが、25年を迎えようとしたとき、いきなり僻地《へきち》へ飛ばされたのです。

自分ではどうしても納得がいかず、「なぜいまになって私が！」という気持ちでいっぱいでした。引っ越ししてからは、まったくやる気がなく、左遷《させん》されたのだという思いが繰り返し繰り返し脳裡《のうり》に浮かんでくるのです。これから3年間、どのように過ごしていけばいいのだろうと悩む毎日でした。

そんなとき、ある友人の先生から、

「そこがあなたにとっていちばん学べる場所だったから、僻地へ行くことになったんじゃないの？　のんびりとした生活のなかにも大切なものがあると思いますよ」

と言われました。

そう言われたとき、正直言って、この人は何をおかしなことを言うのだろうという気持ちがありました。

でも、2か月、3か月と過ぎていくうちに、リラックスしてきている自分に気づきはじめ、1年過ぎ2年過ぎたころには、ここを離れるのが寂しいような気持ちにまでなってきたのです。

そんな気持ちにさせたのは、村の人たちのやさしさや思いやりでした。

私が病気になったときには、ご飯の用意をして持ってきてくださったり、薬草を煎《せん》じて持ってきてくださったり、多くの人からたくさんの愛をいただきました。

この僻地に来たことで、この年になってはじめて人のやさしさや愛というものに触れ、自分がやってきたことが立派なことでも正しいことでもなかったということに気づきました。

もうすぐここを出て、いずれまた大きな学校にもどることになると思いますが、この3年間は、25年間優秀な子どもを育て上げてきたなかで学んだことより、もっとたくさんのことを学べた3年間だったような気がします。

あとで聞いた話ですが、私にアドバイスをしてくれたその先生は、自分もかつては同じような経験をしたために、尋常《じんじょう》でない落ち込み方をしている私を見て、数年前の自分自身なんだと思い、私に声をかけてくださったそうです。

その先生は、うつ的になってしまって病院に相談したこともあったそうですが、ある講演で相談をしたときに、講演者の方から私に言った内容と同じことを言われたそうです。それで、自分がこの学校でしかできないことをやろうという気持ちになったとのことでした。

私も、自分にしかできない教師生活をやり遂げて、その上でこの仕事とお別れしたいと思っています。

◆保健指導員として◆

私は、保健指導員をしています。娘のような年齢の保健婦さんに指導を受けていますが、私のほうが人生経験は豊富でいろいろなことをわかっているので、若い保健婦さんには言われたくないという気持ちがありました。

いろいろなご相談を受けるのですが、60歳を過ぎていますので、自分の体験を中心に、本を読んで得た知識などをお話しさせていただいています。

ところが、相手が私のアドバイスを受け入れてくれないことやわかってくれないことが多く、ときどきトラブルが発生することがあるのです。

いまの若い人は、私とは世代が違うので意味がわからないんだろうなぁと思って、我慢しながら対応していました。

そんなとき、ある講演を聴く機会があり、そのお話のなかで、

「カウンセラーや人の相談を受けられる方は、本で読んだ知識をいくら説明しても、自分で体験していないことや実践できていないことは、相手に伝わりにくいのです」

と言われ、いま自分に起きているトラブルの原因はここにあると思ったのです。相談してくる人に対して、自分がいくら一生懸命お話ししてもわかってもらえなかったのは、私自身のせいでもあったのだと気づきました。娘のような若い保健婦さんに指導されたくない、言われなくても自分のほうがわかっているという気持ちを持っていたので、相談者の方も私の意見を受け入れてくれなかったのだと思います。

そのことに気づき、実践しはじめてからは、相談者の方々が私の説明を真剣に聞いてくれるようになりました。

結局、相談する人の姿は相談される私自身の姿だったんだな、ということを、つくづく考えさせられました。

◆同じ半身不随の男の子に出会えて◆

私は交通事故で半身不随となり、車いすの生活を送ることになりました。

追突した人を許せなくて、「なぜ私だったのよ、追突したあなたが半身不随になればよかったのに…」と、何度考えたかわかりません。ただただ涙があふれ、気持ちの持っていきようがありませんでした。

リハビリ室に行ったとき、車いすの方が何人も歩行練習をしていました。みんな楽しそうに話したり、笑ったりしているのをみて、「歩けないのになぜ笑うことができるんだろう」という腹立たしい気持ちで、私は訓練を受ける気にはなれませんでした。

そんなある日、小学4年生の男の子が、

「お姉ちゃんと僕、どっちが先に歩けるようになるかな?」

と、話しかけてきたのです。そのとき、私は、

「一生歩けるようになるわけないでしょ! 訓練なんかしても無駄よ」

と、きつい口調《くちょう》で言い、病室にもどりました。

次の日、その子は私には近寄らず、ただ私を見ているだけでした。昨日《きのう》は悪いことを言ってしまったと思い、彼に近づいて、「ごめんね」と言いましたら、その男の子は、「僕も前に同じことを言ったことがあるんだ」と、それだけ言って、ひとり練習を

続けていました。

私は、なかなか現実を受け入れることができず、また、ドクターから、「もう歩けません」と言われた言葉が耳に残っており、練習する気にはなれませんでした。

ある日、その子が、私に近寄ってきて自分の足を触《さわ》らせて、

「僕のあんなに力がなかった足が、こんなに強くなってきたんだから。追突した相手が悪いと泣いていても、足は動かないよ。歩けるようになるまで練習するしかないんだよ」

と言ったのです。そのとき、初めて「歩けるようになりたい」と思えたのです。

そしてその数日後、車いす生活を送っていた年配の方が、ダンスの先生と一緒に立って踊りたくて、「いつの日か、この先生と踊りたい」と思って一生懸命練習していたら、何かのタイミングで立つことができて、踊れるようになったというテレビ番組を見たのです。あの男の子の言ったことと同じだと思い、私は、「大好きな馬に乗りたい」と思うことで、足を強くする練習を始めました。

きっと、自分が「歩きたい」と思うようになったので、そのテレビ番組に目がとま

り、歩く練習を始めることができたのだと思います。

練習を始めて5か月を過ぎたころから、足に痛みを感じるようになり、少しずつ感覚がもどってきています。いまでは、事故直後、病院であの男の子に出会えたことに心から感謝しています。

◆講演のお手伝いをして◆

ある県に用事で出かけていたときに、知人からある講演のパンフレットを見せていただき、その講演を聴きに行きました。そこで、みなさんがボランティアで講演をお手伝いされていることを知り、私もお手伝いをしたいと思ったのです。そして、自分の住んでいる地域でもみんなに聴いてもらいたいという気持ちから、お手伝いを始めました。

みなさんから、

「どんな講演なのですか?」

と聞かれると、

「家庭のことをしながら、自分たちで気づき合って、自立していくという講演です」

というふうに答えていました。

ところが、そのようにみなさんに説明をするようになってから、主人がそれまで我慢していたことを口に出すようになったり、子どもが暴れたり、ときには家に帰ってこなくなったのです。

最初は、この講演のお手伝いをすることがいけないのかと思い、そのことを家族に聞きましたら、主人と子どもから、

「お手伝いはとてもいいことだけれど、お母さんが他の人に説明をしていることを家庭では実践していないじゃない」

と指摘されました。

たしかに私は、「ご主人を大切にしてくださいね」とか、「子どもの前では夫婦げんかをしないようにしてくださいね」と言っているのに、自分の家の中は散らかってい

て、夫を立てていなかったのです。それで、子どもや主人がいろいろな反応を示すようになったのだと思います。

そこではじめて、自分が口に出した言葉が実行できるようになることを学んでいるのだと気づき、家族と向かい合う決心をしました。そして、主人と子どもに言いたいことを全部言ってもらったのです。

そうしましたら、こんなにあるものかと思うくらい、何時間も不満を言われました。

そのときは、どうして私だけこんなに言われなければならないのかと反発をしたのですが、反発をしたときに険悪《けんあく》なムードになり、会話が途切れてしまったのです。

でも、この講演をお手伝いするようになったことで、自分は何かに気づかなければならないのだと思い直し、やはり原因は私にあるのだと思い、主人や子どもに言われたことをひとつひとつメモに書きとり、冷蔵庫に貼り、それを何度も読み返すことで自分を変えていく努力をしました。

講演のお手伝いをするようになったのは4か月ほど前からですが、最初は、教育委員会や市役所、子育て支援財団など、いろんなところへ行っても書類が通らなかったのです。

ところが、自分が実践しはじめて家庭が変わり、笑い声が聞こえるようになってきたとき、生き生きしている私を見て、まわりの人は、

「あなたを見てたら、なんだか私たちも輝いてみたくなったわ」

と言って、お手伝いをしてくださるようになりました。

それからは、仲間同士で、ああしよう、こうしようと力を合わせて動きまわった結果、市役所への書類も無事通りました。さすがにそのときは、みんなで、「やったあ！」と喜び合い、心がひとつになったのを感じました。

講演会までの4か月、自分で学んできたことのなかに答えがあったような気がします。

私のすることにひとつひとつ反対していた主人も、言いたいことを全部言ってからは、いつもにこにこして、講演の手伝いまでしてくれるようになりました。私が行けないところをまわってくれたり、文章がおかしいと訂正してくれたりして、一緒に奮闘してくれました。

子どもも、まだ講演の予約がそんなに入っていなかったころには、

「僕もお友だちにパンフレットを配《くば》るから、お母さん、10枚くらいちょうだい」

と言って、持っていってくれました。

家族の心がひとつになって得たものは、ほんとうに大きかったような気がします。

◆ナルコレプシー（睡魔におそわれる病気）を克服して◆

30歳を過ぎたころから急に脱力感におそわれ、どこでも眠ってしまうようになりました。運転中でも信号待ちをしている間に眠ってしまい、後続車のクラクションで目が覚めたこともあります。仕事中に眠ってしまうことも度々《たびたび》あり、会議中に熟睡してしまったこともありました。

大学病院や精神科などいろいろな病院をまわりましたが、どんな検査を受けても、CTを撮っても異常は見つからず、特別な治療はしてもらえませんでした。

そんなとき、大切な仕事の電話中にオルゴールの音で眠ってしまい、相手の方からクレームがきて、退職を余儀なくされてしまったのです。30歳までは何ともなかったのだから治るはずだと思い、藁《わら》にもすがる思いで別の神経内科に行きました。

そこで、「ナルコレプシー」という病名がつきました。

「どこでも眠ってしまう上に、夜眠るときに恐ろしい夢をみたり、だれかが布団の上にのしかかってくるような金縛《かなしば》りにあうことはないですか」と医者に聞かれたので、私が「たしかにあります」と答えると、「遺伝子に関係があるといわれています。私は専門医ではないのですが、お薬を出しましょうか」と言われました。しかし、薬を飲むことに抵抗があったのでお断りしました。

帰り際《ぎわ》に、外来患者さんのなかに、以前、私と同じ症状だったという学生さんがいて、大学入試のときに睡魔におそわれて熟睡してしまい、気づいたときには試験は終わっていたそうです。

「どうやったら治ったのですか？」

と聞きましたところ、

「僕はナルコレプシーかどうかはわかりませんが、セラピストの方に相談してみました。そして、考え方を変えることで自分で治せると信じました」

そのセラピストの方は、次のようにおっしゃったそうです。

「ナルコレプシーには、大声で笑ったときなど、急に力がなくなり、眠ってしまうケースもありますが、睡魔におそわれるようになるには、必ずきっかけがあります。人間関係のトラブルであったり、性格的に他人にも自分にも厳しかったり、終わったことや先々のことを考えて不安になったり、仕事を一生懸命にがんばりすぎる人などに多いのです。自分を追いつめることでマイナス思考になり、一瞬、自分がいま何をしていたのかもわからなくなることもあります。ものごとを明るく考えるようにし、自分を追いつめないことが大切です。

あなたの場合、たとえば、自分よりも成績の悪いお友だちが合格して、一生懸命勉強している自分が不合格だったらどうしようとか、成績が優秀だった自分がもし不合格だったら、クラスのみんなにどんな顔で会えばいいのかなどと考え、神経が張りつめてしまって、いちばん大事なときに神経を維持できなくなったのではないですか?」

その話の内容は、いつも完璧《かんぺき》を求めていた彼の生き方そのものだったそうです。

驚いたことに、その学生さんは、その日は神経内科に来たのではなく、下痢をして内科に診《み》てもらいに来たとのことで、待つ場所を間違えてしまったと席を立っていかれました。

私は、この人はこのことを私に伝えるために、内科と神経内科の待合室を間違えてくれたのでは、と感謝しました。

それから、そのセラピストの方の講演を探して聴きに行き、相談しましたら、私を見てすぐにおっしゃいました。

「この病気になる前は、すべてに完璧を求められるところがありましたね。一生懸命お仕事されて、まわりも認めているのに、なぜかいつも自分がどの位置にいるか気になって、もっともっとと、自分を追いつめて、自分に感謝したことがなかったですよね。

細胞も神経もすべて生きていますから、使いすぎると、これ以上無理ですよと気づかせてくれるのです。また、まわりの人に対して、あなたは仕事ができるので、仕事のできない人をみて、なぜこんな簡単なことができないのかと相手を裁いてしまったり、許せなくなり、イライラされていましたよね。その自分の想いが病気をつくっているのです。

完璧を求めると、まわりも自分もつらくなります。運動会で7等、8等を走る人がいてくれるから、1等を走る人が目立つのだと思いませんか？　いろんな考えの人がいるから、バランスがとれているのだと思います」

そのアドバイスがスーッと心に入ってきて、それは全部自分に当てはまっていました。

ここ何年も感謝なんかすることもなく、仕事ができて当たり前で、失敗したら自分やまわりの人を責めまくる、そんな日々を過ごしていました。自分自身にすら感謝ができていなかったのです。

いままで、付き合いたくない、仕事を任せられないと思っていた人にも、みんな必要な人だと思い、「ありがとう」を言ってみました。すると水面下をみることができ、自然に歩み寄ることができるようになりました。

注射などですぐに治る病気なら、あの学生さんや人の意見など聞かなかったと思いますが、藁《わら》にもすがる気持ちだったので素直に聞けたのだと思います。

それからは、融通《ゆうづう》のきく仕事に変わり、自分を追い込まないようにして、気持ちを切り替えてからは、ときどき眠気はきますが、睡魔におそわれて眠ってしまうことはありません。自分では治癒《ちゆ》したと思っています。

この病気になったおかげで、自分の性格に気づくことができました。病院で学生さんに出会えたことに、とても感謝しています。

◆受験の失敗から◆

高校時代は成績もいいほうで、自分では運動もできるほうだと思っていましたので、悩みというものがあまりありませんでした。

ところが、18歳のときに大学を3つ受験したのですが、担任の先生からはどの大学も大丈夫だと言われていたのに、3つとも不合格になり、ショックで落ち込んでしまったのです。

これから先、自分はどう生きていったらよいかわからなくなってしまいました。

そこに、追い討ちをかけるように友だちが交通事故で亡くなったのです。自分は一生懸命勉強してきて、このようにあっさりと命がなくなるのであれば、いったい何を目標に生きればいいのだろうと思うようになり、だんだん不安が大きくなって、うつ病になってしまったのです。

1年間精神科で治療を受けましたが、症状が悪くなる一方で、自殺を考えるようになったため、両親は一生懸命に私を説得してある講演に連れて行きました。

もちろん、最初は行く気もなかったので、両親の一生懸命さにしかたなくついて行ったのです。

講演の後、講演者の方と話す機会があり、父が、「息子が友だちの死と大学受験の失敗でうつ病になりましたが、講演を聴いて私たちの育て方に思い当たることがありました。できればもう少しヒントをいただけませんか。本人もここにいます」と、お願いしてくれたのです。

講演者の方は、「夜、眠れないでしょう？　声もかすれて、お風呂にも入れないでしょう。それに胸が締《し》めつけられ、心臓が悪いのではと思うことはありませんか？」と聞かれました。その通りでした。

「受験の失敗や友だちの交通事故はきっかけであって、うつ病のすべての原因ではありません。あなたは年が離れて生まれたので、『目に入れても痛くない』という表現がピッタリの育てられ方だったと思います。

小さいときからご両親に大切に大切に育てられ、成績も優秀で、失敗とか、怒られることがほとんどなかったでしょう。そのような環境のなかで、大学受験で3校とも不合格になり、交通事故でお友だちを失うということが起きて、自分の将来に自信が持てなくなり、自分で切り抜けることができなかったのだと思います。それだけのことです。

うつ病は、過保護に育てたり、親の思い通りに育てたり、あるいは憎しみや不平不満のなかで育てたりといった、育つ環境のなかで起きてくることがほとんどです。ですから、うつ病は恥ずかしい病気ではありません。胃やお腹が痛くなったりすることと同じで、心の器がいっぱいでどうしていいのかわからなくなったときに起きるのです。

うつ病になったことをきっかけに、自分がもっと大きな器になれるのだと感謝することができれば、元気になられます。お友だちは18歳で亡くなったかもしれませんが、その人にとって18年間は何十年もの人生だったかもしれません。

ですから、かわいそうだとか、ずーっと一緒に悲しんであげたり、悩んだりすることが大切なのではなく、このことをきっかけに、自分が成長できることに感謝してください。いまから楽しい人生を生きるのだと、大きな声で言ってみてください」

そう言われて、やってみました。最初は蚊の鳴くような声しか出ませんでしたが、「もっと大きな声で！　うれしいことなんですから」と言われ、大きな声で10回言いましたら、最後のほうは自分でも信じられないくらい大きな声になり、父と母が、「1年ぶりくらいにあなたの声を聞いた」と、泣いて喜んでくれました。

それから、自分を責めないで、水面の下をみる練習をしてくださいと言われました。

帰ってからさっそく、なぜ急に受験の失敗からこのようになってきたのだろうと、想いをノートに書いてみたら、成績が優秀だった自分が3つも落ちるはずはないと思っていたのに、落ちたことのショックが大きかったこと、そして、あまり仲のいい友だちでもなかったのに、友だちが亡くなったことがそんなに自分にとって寂しかったのかと振り返ったときに、心の底で自分もいっそうなるかわからないという不安があったことに気づきました。

それから、育ってくる環境のなかで父や母が私を怒ったこともなく、手取り足取り何もかも準備をしてくれて、自分で苦労して何かを得るということがなかったことに気づきました。

人間は、何がきっかけで立ち直れるかわかりません。だけど、最終的に解決するのは、家族の協力や自分自身なんだということがわかりました。

いまは1年浪人しましたが、もう一度受験をして大学に入ってがんばろうと思っています。

この体験が自分にとって必要なことだったと思えた瞬間、真っ暗だった頭のまわりの闇がとれ、すっきりして、カーテンを開けたときのような明るさに変わりました。

◆ボランティアに参加して◆

私は、災害で困っている人たちをニュースで見て、何かお役に立ちたいと思い、ボランティアに応募しました。

ボランティアに参加する人たちの役割分担が決まり、私は裏方《うらかた》でおにぎりを作ることになりました。自分なりに一生懸命おにぎりをつくったのですが、作ったおにぎりを配る役目は別の方々がされ、その方たちは被災者の方から、「ありがとう」「ごくろうさま」と感謝されていたのです。テレビニュースや写真にも撮られ、取材を受けたりして、とても目立っていました。

それを見た私は、とても虚《むな》しい気持ちになり、ニュースを見るまでは一生懸命仕事ができたのに、それを見てからは何をしてもイライラしたり、不平不満を感じるようになり、ボランティアに魅力を感じなくなってしまいました。

最初は、困っている人のために少しでもお役に立ちたいという純粋な気持ちから始めたはずだったのに、いつのまにか、他人に対するねたみや不満から気持ちよくお手伝いができなくなり、純粋なボランティアではなくなったのです。

そんなときに、たまたま回覧板で講演の案内を見て聴きに行ったところ、自分の内側に隠れていた想いをみつけることができました。

ほんとうに純粋に人の役に立ちたいと思うのであれば、だれが目立っていてもその結果に満足できたと思います。

人のためにお手伝いをするときは、しっかり自分の心をみつめていないと自己満足のお手伝いになってしまうことに気づかされました。

このボランティアに参加させていただいて、自分では気づけなかった心の奥にある想いをみることができたことに、感謝しています。

◆人の意見に左右される自分に気づいて◆

私はお友だちと一緒に書道を習っていましたが、そのお友だちが先生と口論になり、やめることになりました。お友だちから先生のよくない噂《うわさ》を聞いた私も、先生のことを悪い人だと思い込み、一緒にやめてしまったのです。

その後、「私がトラブルを起こしたわけでもないのに、なぜこんなことになってしまったのだろう。せっかく4段まで取れていたのに」と思い、冷静になって思い返してみると、私はいつもお友だちの意見に同調していたことに気づいたのです。自分では書道の先生の噂が事実かどうかをたしかめもせずに、お友だちの話だけ聞いて悪い人だと思い込み、やめてしまったことに気づきました。

いまさら書道塾にもどれないと思っていたとき、たまたま聴きに行った講演で、「自分のまわりで起こることは、すべて何かに気づかせるためのきっかけであり、起こったことを後悔するのではなく、そのことから何を学ぶことができたのかが大切です。そして、間違ったと思うことがあれば、すぐにやり直せばいいのです。『過ちを改むるに憚《はばか》ることなかれ』という諺《ことわざ》がありますように」

というお話を聞き、もとの書道教室にもどればよいのだとわかったのです。そして、以前にも同じようなことがあったことを思い出したのです。

それは、別なお友だちがある宗教に入信したときに、誘われた私も入信したのですが、その人がやめるとすぐ一緒にやめたことがありました。

そこで、水面下をみてみると、だれかに依存し、都合が悪くなるとその人のせいにしてしまう自分に気づかされました。

はじめは、私を振りまわすお友だちのことが許せなかったのですが、この件があったおかげで、私自身、いままでいかに人に依存していたのか、また人の話を識別していなかったのかということに気づくことができました。いまではお友だちにも感謝することができ、書道の先生にも仲よくご指導していただいています。

◆罰金の代わりに道路標識と作文を書いて◆

私は中学3年生まで、両親に逆らうことなく、おとなしい「よい子」と言われて育ってきました。

あるとき、原付のバイクに乗っている友だちと知り合い、河川敷《かせんじき》で乗せてもらいました。それ以来、バイクに乗せてもらっているとストレスがなくなることを知り、免許を取ってからは病みつきになりました。特に1人のときより、10人くらいで走ると気持ちが大きくなり、危険なこともでき、スピード違反で捕まっても懲《こ》りませんでした。

そんなある日、またスピード違反で捕まったのですが、そのとき警察の人から、

「罰金は親が苦労して払うだけで君は何も苦労がないから、作文と道路標識を書いてくるように」

と言われたのです。作文も苦手だけど、道路標識の図を描くのはもっと大変でした。作文は漢字の間違いまで訂正されて、罰金のほうがどれだけ楽だったかわかりません。

しかし、できた標識を見て、完成したときの喜びを知り、いままで標識を見て走ったこともなかった自分がほとんどの標識がわかるようになりました。作文は適当でしたが、二度とこんな大変な苦労はしたくないと思い、暴走行為をやめました。大人になったいまでは、忘れられない思い出です。

人間は何がきっかけで変われるかわかりません。罰金の代わりに道路標識と作文を書くように警察の人から言われて、面倒くさかったけれど、厳しさのなかにやさしさを感じることができました。

◆感謝することで逃れた災難◆

仕事で運転をしているとき、お客さまの自宅に着いたので車を駐車したところ、後ろからついてきたおじいさんがいきなり怒鳴《どな》ってきました。

そのおじいさんは、ただ怒鳴りつけるだけで何を怒っているのかわかりませんでしたが、とりあえず、「すみませんでした」とお詫びして別れました。

そのときに、一瞬、むっとなりましたが、講演で聞いた水面下をみる方法を思い出し、何か気づくことがあるのかもしれないと思い直してみました。そして、もしかすると安全運転をしなさいということを教えてくれたのかもしれないと思い、怒鳴られたことに怒ったり腹を立てたりせず、そのことを受け入れて、おじいさんに、「ありがとう」と感謝をしました。

それから、次の仕事場に向かうときにはできるだけゆっくり車を運転するようにしていたら、車の陰からいきなり小学生が飛び出してきたのです。もう少しスピードを出していれば、間違いなく子どもをはねていたと思います。

そのときに、思わずさっきのおじいさんに、「ありがとう。怒鳴ってくれたおかげで、事故を起こさなくてすみました」と感謝をしました。

そうしたら、次の仕事場に移動している途中にまた車の陰から子どもが飛び出してきたのです。これも、スピードを出していたらはねていたと思います。

結局、安全運転をしていたおかげで2人の子どもをはねずにすみましたが、もしあのとき、逆にそのおじいさんに腹を立てて、イライラしながら運転していたら、取り返しのつかないことになっていたでしょう。

身のまわりで起きることは、すべてにおいて意味があることを体験しました。

3

愛のメッセージ

講演でのQ&Aを通して、
何に気づけばいいのかを自分で考え、
解決した人たち

☆子どもの不登校から☆

Q

小学5年生の長女のことなのですが、仲のよかったお友だちが転校し、それと同じころにかわいがっていたノラネコが交通事故で死んでしまったのです。悲しいことが2つ重なったことのショックから、学校へ行かなくなってしまいました。

最近は、朝になると、体が重くて行きたくても行けないと言うようになりました。でも、朝の10時くらいになると、台所の片づけや洗濯を楽しそうに手伝ってくれます。

友だちが転校してしまったことやノラネコが死んでしまったことが、こんなに子どもに影響するものなのでしょうか。担任の先生やスクールカウンセラーの方に相談しても、「子どもの気持ちが回復するまでそっとしておいてください」と言われるだけです。

親は何もせず、ほんとうにこのままで回復するのでしょうか。

A

お友だちの転校や猫の死はあくまでもきっかけであって、不登校のほんとうの原因は別にあるように思えます。子どもさんは、愛情を求めているのです。

お母さんには、この子どもさんの下に、弟さんと妹さんがいらっしゃいますよね。はじめは、長女さんはとても可愛がられて育ったのに、弟さんが生まれてからはお母さんがそちらにベッタリになってしまい、さらにその下に妹さんが生まれてからは、長女さんにお姉ちゃん役をさせてしまったのだと思います。その結果として、長女さんは我慢ばかりするようになり、愛情不足になってしまったのです。

この長女さんは、弟さんと妹さんの面倒をよくみたり、家の手伝いを何でもして、いつも笑顔を絶やさないようにしているそうですが、それは常に心配りをし、気を遣《つか》っているからです。

実は、長女さんは本人も気づかないうちに、とても疲れてしまっているのです。仲のよかったお友だちと会って話をしているときや、猫ちゃんをかわいがっているときは、心が慰《なぐさ》められ癒《いや》されていたのだと思います。また、長女さんにとっては自分を必要としてくれている愛情の対象でもあったわけです。

小さいころから自然と我慢することが身についてしまい、あまり感情を表に出さない子どもさんですから、思いきり抱きしめてあげたり、一緒にお風呂に入ったり、小さいときのように添い寝をしてあげたりして、長女さんとたくさん話をするようにしてあげれば、寂しかった心が溶けて心の内を話してくれるようになると思います。抱きしめてあげることはとても大事なことで、心と心が触れ合うことで安心できるのです。ぜひ実行してみてください。

【その後】……………………………………

ご家族みなさんで努力された結果、長女さんはいろいろなことを話すようになり、それから1週間ほどで学校へ行くようになったそうです。お母さんは、どの子どもさんとも平等に接してきたつもりだったそうですが、長女さんにとっては、「お姉ちゃんだから」と言われることが負担になっていたのだと、改めて気づかされたそうです。

☆子どもが拒食症になって☆

Q

半年前から子どもの食欲がなくなり、2か月ほどでまったく食事をしなくなりました。病院の先生やカウンセリングの先生も、原因がわからないと言われます。現在は大学病院に入院し、点滴の治療を受けながら体重をもどしています。20キロだった体重が37キロまでもどってきましたが、いまだに米粒ひとつ喉《のど》を通さず、ジュース類も飲みません。いまのところ、入院しているので安心していますが、いっぽうで、半年間学校へ行っておらず、勉強が止まっていることや、今後ふつうに食事ができるようになるのだろうかという心配もあります。

A

拒食症の原因が何なのか、子どもさんとお話をされたことがありますか。拒食症は、ストレスがきっかけで起きることが多いのです。この子どもさんの原因は、小さいころからご両親が共働きのため、いつも1人で食事をしていたので、「1人で食事をするのは寂しい」「1人で食事をしたくない」と思っていたため、食べ物が喉を通らなくなったのだと思います。しばらくは、お仕事を休んででも子どもさんと食事をする時間をつくり、子どもさんが、「食事は楽しいものなんだ」と感じるようにしてあげてください。

母親の愛情のこもった食事ではなく、コンビニなどのお弁当を1人で食べる寂しさが原因になることもあります。

また、お母さんのお仕事は看護師さんで、夜勤が多く、子どもさんの登校する時間に起きていないことが多かったのも原因のひとつだと思います。そのため、子どもさんは心が安らげる時間がほとんどなかったのです。これからは、子どもさんとできるだけたくさん接して、いっぱいの愛情を注いであげてください。

拒食症になってまだ半年ぐらいですから、真剣に子どもさんを助けたいと思って努力されれば、少しずつ食事をとることができるようになると思います。病院の先生と相談されながら努力してみてください。また、拒食症の原因には、親が「あれもダメ、これもダメ」と厳しく食事を制限し、親がいいと思うものだけをむりやり食べさせたり、過度のダイエットなどで体のバランスがとれなくなるということも考えられます。

拒食症は心の病気です。私は、その原因を見つけてアドバイスすることはできますが、あとはご両親やご家族が愛をもって努力し、愛をいっぱい与えることができれば、回復も早いでしょう。

【その後】……………………………………

講演のあと、お母さんが帰ってからこのことを子どもさん本人に確認したところ、泣きながら「1人で食事をしたくなかった」と答えたそうです。

その後、お母さんはお仕事を辞《や》められ、病院で子どもさんに付き添うようにしたそうです。ご主人も、休みのときには3人で食事をするように心がけられた結果、1か月ほどで子どもさんは食事ができるようになり、お母さんも昼間はお仕事ができるようになったそうです。お父さんと3人一緒の食事は毎日はできませんが、お母さんと夕食が食べられるようになり、とても喜んでいるとのことです。

今回の場合は、気づくのが早く、ご両親もお仕事よりも子どもさんのことを第一に考えてくださったので、1か月ほどで回復することができました。しかし、1年、2年と、気づくのが遅れると、心が癒されるまでにはかなりの時間がかかります。必死にがんばってくださったご両親に、感謝でいっぱいです。

☆ 子どものいじめから ☆

Q 小学校2年生の女の子を持つ母親です。先月、娘と仲のよかったお友だちが離れていき、いじめにあっています。原因は、うちの子と問題があったA子ちゃんが、みんなにうちの子の悪口を言ったからだと思います。私の育て方には、まったく問題はありません。

どうすれば、うちの子が正しかったということがみんなにわかってもらえるのでしょうか。

A

お母さん、大切なのは、いじめられたことについて考えるよりも、なぜ娘さんがいじめられるようになったのか、そのほんとうの原因にお母さんが気づくことなのです。

娘さんは、お友だちに対してはっきりとした強い口調で、「私は悪くない。あの子が悪い!」といった言葉を多く使われていませんか? そのことが原因でお友だちが離れていったのではないですか?

ここでぜひ知っておいていただきたいのは、子どもには、ふだんの親の態度や雰囲気、言葉づかいなどからの影響がとても大きいことです。

あるお母さんの例です。同居しているお姑《しゅうとめ》さんのことがどうしても好きになれず、心の中ではいやだと思いながらも、態度にはいっさい出さないでお世話をされていたのですが、息子さんも、おばあちゃんのことがきらいなようで、邪険《じゃけん》に扱っていたそうです。

「息子も私と同じ気持ちだ」と思っていたら、息子さんの態度がだんだんとエスカレートしていき、心配になったそうです。そして、あるときふと、息子さんの言葉づかいは自分が心の中で思っていたこととあまりに似ているので、「もしかしたら、私の想いと関係があるのでは…」と不安になり、心の中で悪口を言わないようにしたところ、ビックリするくらい息子さんのおばあちゃんに対する態度が変わり、邪険に扱ったりしなくなったとのことでした。

このことからもわかるように、親の態度や言葉づかいは子どもに影響しているのです。

お母さんは、現在PTAの役員をされているそうですが、そのときに先生や他の役員さんの方々にどのような態度で接していらっしゃいますか？　たとえば、他の役員さんのお手伝いをされるとき、人の意見は聞かずに自分の意見を押し通して、対立した役員さんを除外したりしていませんか？　そうすると、他の役員さんはそれがいやであなたから離れていくかもしれません。

もし、子どもさんがお母さんと同じように、意見が合わないお友だちを仲間はずれにしたり強い態度で接していたら、お友だちは傷ついて離れていってしまうでしょう。

そのことが原因で子どもさんがひとりぼっちになられたのなら、いじめではなく、その原因はお母さんがつくっているということになりませんか？　一方的にいじめと決めつけないで、まわりのお友だちにも話を聞いてみられたらどうでしょう。

また、ご主人に対してどのような態度で接していらっしゃいますか？　自分は悪くない、あの人が悪い、あの人の責任だ、というような態度をとられてはいらっしゃいませんか？

子どもさんの問題は、お母さんやお父さん自身の姿のなかに原因があることが多いのです。昔から、『子は親の鏡』といわれますように。

【その後】……………………………………………………………

このお母さんは、その後も数日間、自分も子どもも悪くないという気持ちや、そのような自分を認めたくないという気持ちで葛藤《かっとう》があり、私に相談したことを後悔されたそうです。

ところが、ご主人にそのことを話されたところ、それまで奥さんに反発したことのないご主人から、「君は、自分が世の中でいちばん正しいと思っているのじゃないか？　娘は、そんな君にそっくりだ」と言われたそうです。

あまりのショックで離婚を考え、お友だちにその話をしましたら、そのお友だちからも、「実は、いままで言えなかったけど、まわりの人もご主人と同じ気持ちだったのよ」と言われ、結局、自分が変わるしかないと決心されたそうです。

それからは、ご主人や子どもさん、まわりの意見を聞き、相手の立場に立って考えるように心がけられました。その結果、子どもさんはお友だちと仲よくなり、お母さんにもほとんどトラブルがなくなったそうです。

☆子どもが「酸素が足りない」と訴えるようになって☆

Q

うちの子どもは16歳の女子高生なのですが、2年ほど前から唇がしびれ、毎日のように「空気が汚《よご》れている」「酸素が足りない」「酸素が身体《からだ》に入っていかない」と繰り返し言うのです。

私たちはふつうに呼吸ができるのに、なぜこの子だけがこのようになってしまったのだろうとふしぎに思い、3か所ほど精神科をまわって診てもらったところ、ほとんどの先生が「分裂症」（統合失調症）という病名をつけられました。

家の中にいることを急に不安がったり、また、「ここにはいられないから引っ越そう」と言うので、空気のよいところを見つけて引っ越したりしました。でも、引っ越して数日経つと、また「酸素が足りない」「空気が汚れている」と言いはじめるのです。

何回引っ越せばいいのだろうと主人と話をしたこともありますが、いまはもう主人は私と話をしようともしてくれません。

やさしかった子どもが、なぜこのような状態になったのかわからないのです。精神科の先生もカウンセラーの先生も、原因はわからないと言われます。

何かショックなことがあり、このようになったのではないかと言われるのですが、私たちにはまったく見当もつきません。

そうこうしているうちに、子どもは薬を飲めば飲むほどかえってろれつがまわらなくなり、唇がしびれたり、ボーッとして目はうつろになり、ときには暴れたりするようになりました。

何年もこの子のためにがんばってきたのですが、最近はこの子が生まれてこなければこんな苦労はしなかったのにと思ったりします。いったい、何が原因なのでしょうか。

A

お母さんは家の中をちゃんと見てみてください。家の中のお掃除をされていますか？　窓を開けて家の中の空気を入れ換えされていますか？

それと、いちばん気になるのはご夫婦仲です。

お父さんとお母さんは、いつもいがみ合ってこられたと思います。お母さんは、何度家を引っ越しても、ここが悪いあそこが悪いと言うだけで、その家に住めるということ、雨露《あめつゆ》をしのげるということ、住める家があるということに少しも感謝されてこられなかったのではないでしょうか。

また、お母さんはご主人の親戚《しんせき》の方のなかに、金銭的なトラブルが原因でずっと憎み続けている人がいらっしゃるはずです。

お母さんのそういった許せないという思いや憎しみが家の中に充満しているので、子どもさんはそれを吸って息苦しくなるのです。

お母さんには他にも許せない人が何十人もいらっしゃいますし、一度人を憎んでしまうと、とことん相手を許せなくなるタイプの方です。

なぜ許せなくなったのか、どこにこだわりを持ったのか、水面下を見てください。

なぜ親戚と金銭的な問題でトラブルが起きたかというと、お母さん自身がお金に対してとても執着があるからです。

「私はあのとき、この人のために何度も尽《つ》くしてあげたのに、彼女は私に2度しか尽くしてくれていない。だからこれくらいのお返しはしてもらってもいいはずなのに」と思うことも執着心です。

ここで、お母さんが真心をもって尽くしているのではなく、かけ引きでやっているということに気づいてほしいのです。

ご主人の親戚の方への怒りや憎しみが、すべてご主人に向けられているのです。

ご主人は、毎日お仕事に行きお給料もきちんとくださるのに、お母さんがまったく感謝の気持ちを持っていないため、お母さんと話すことに疲れてしまわれたのではないでしょうか。お父さんは頑固だとお母さんは言われますが、それは実はお母さんの感謝のない態度や言葉に関係しているとは思われませんか?

講演を何度も聴いていらっしゃるようですから、いままで許せなかった方たちに、心を込めて「ありがとう」と感謝してみてください。

【その後】

このお母さんは、最初は「納得がいきません！　主人の親戚が悪いのに、どうして私が悪いのですか？」と主張されました。

しかし、繰り返し説明していくうちに涙を流され、自分の思いがどれほど子どもに影響していたのかということに気づかれたのです。それから、泣きながらいままで憎み通してきた何十人かの方に、10回くらいずつ「ありがとう」と言ってくださいました。

その結果、隣に座っていた子どもさんが、ふしぎと「唇のしびれがとれ、息がしやすくなった。胸の圧迫感がとれた！」と言い、見る見るうちに目が生き生きとしてきました。

その姿を見たお母さんは、ほんとうに自分の想いが原因だったことに気づかれ、泣きながら子どもさんに「ごめんね」と言われていました。

世の中には、知らない間に人を憎み続け、ずっと許せないまま亡くなられる方もいらっしゃいます。今回、子どもさんの症状を通して気づくことができたということとは、とてもすばらしいことだと思います。

その後、お母さんが講演から帰り、溜《た》まっていた胸の内をすべてご主人に話されたところ、いままで自分が傷つけられていたと思っていたことが、実は勘違いであったと気づかれたそうです。自分もまわりの人たちを傷つけていたと気づいてからは、まわりの方々とのお付き合いもとてもよくなったそうです。

また、ご主人がいつも「身体《からだ》がだるい、だるい」と言われていたそうですが、お母さんが自分の想いが強すぎたと謝られ、ご主人に「行ってらっしゃい」「おかえりなさい」を言うよう実践されましたら、休みの日にはご主人が子どもと散歩に行ったり、お掃除をされるようになったとのことです。

現在は、子どもさんも無事に高校を卒業されてお仕事をされているそうです。

☆子どもが引きこもって☆

Q

私の子どもは小さいころから大声で泣くこともなく、性格もおとなしく、聞き分けのよい子で成績も優秀でした。先生たちからは、「東大でも大丈夫だろう」と言われていたのですが、期末試験の1週間前からカゼをこじらせて試験勉強ができず、不安からかカンニングをしてしまったのです。

そのことを先生に注意されてからは、毎日のように悩み、後悔して勉強が手につかなくなりました。先生からも厳しく責められたわけではなく、「君らしくないね。どうしたんだ？ 二度とこのようなことをしないように」と、他の生徒に気づかれないように言われただけなのです。

子どもはそのころから、「疲れた、疲れた」と言いはじめ、学校も休みがちになりました。最近は部屋に引きこもり、ゲームばかりしています。

病院では体に異常はないとのことで、カウンセラーの先生にも診てもらいましたところ、「本人の好きなようにさせて、いっさい口を出さないでください」と言われました。しかし、日に日に顔つきがおかしくなり、イライラしていて、ちょっとしたことでもカーッとくるようになりました。なぜこのようになってしまったのか、いまからどうしたらよいのか、ぜひ教えてください。

A

まず、先生の言葉が彼をおかしくさせたわけではありません。ご家庭でいままで育ててくる上で、ご主人が「外で遊ばせなさい」と何十回言ってもお母さんは聞く耳を持たず、小さいときからしつけをせず、お手伝いなどもいっさいさせずに、成績の優秀な子だけをめざして育てられたのだと思います。お母さんは彼が反抗しないのをいいことに、自分の理想通りに育ててきてしまったのです。

成績で勝ち負けを意識させてしまうと、周囲はすべて競争相手になり、心の底から信頼して付き合える友だちはいなくなってしまいます。成績がともなっている間は、親に気に入ってもらいたいためによい子でいるようがんばりますが、一度でもそれが崩れてしまうと、周囲の目がとても気になり、自信をなくし、親や先生の期待に応《こた》えられない自分に失望し、やる気をなくしてしまうのです。

親に厳しく叱《しか》られたことのない子どもは、叱られることも愛だということがわかりません。叱った先生も叱られた自分も許せなくなって、その想いに振りまわされ、悪いほうへ悪いほうへと考えるようになっていくのです。

お母さんが学歴や勝ち負けという考え方を少し変えて、心から子どもさんの意見を聞いてあげてみてはいかがでしょうか。また、「一流大学に入ることがあなたのためだったと思っていたけれども、実はお母さんの希望だったとわかったのよ」と、素直に話してみられたらいかがですか？

お母さんはご主人から言われたように、当たり前の礼儀やしつけをきちんと教え、洗濯や掃除、片づけなど、これからは子どもさん自身でできることは自分でさせるようにすることも大切だと思います。

ご両親が変わることができれば、子どもさんは必ず変わりはじめます。

【その後】

ご主人に、言われた内容を話してみられたそうです。

すると、ご主人が、「僕もその通りだと思う。君は、自分の理想通りに子どもを育ててきた。そのことにいつ気づいてくれるか、ずっと待っていた」と言われ、夫婦で真剣に話し合って、お母さんは、思いきって大学のことを頭からはずし、いま子どもさんが元気でいてくれることに感謝することから始められたそうです。

その結果、子どもさんが、「お母さんからだけではなく、先生や同級生からも頭がいいから、と言われることがとてもプレッシャーになり、いい子でいなくてはならないことがとてもつらかった」と話してくれたそうです。

また、ご主人に、「他人の迷惑にならないことだったら、思い切って何でもやってみなさい」と言われ、「カラオケやパチンコに行ったり、お酒を飲んだり、タバコを吸ったりと、ひと通りのことをしてみて、とっても楽しい体験だった」と喜び、いまでは1年遅れて通信制の大学に元気に通っているとのことでした。

☆自分が性同一性障害であることに気づいて☆

Q

私は、現在高校1年生の女の子です。性同一性障害で悩んでいます。3歳くらいから男の子と遊んでいて、いつもふしぎだったことは、外でオシッコをするときに、私は必ずズボンが濡《ぬ》れて、他の男の子のように上手にできなかったことです。

しばらくして、男の子と女の子は身体《からだ》が違うことがわかってきたのですが、スカートをはく気持ちにはなれませんでした。母から、男の子とばかり遊んでいないで女の子と遊びなさいと、いつも言われていました。

中学になると、制服になり、胸が大きくなるのが苦痛で苦痛でたまりませんでした。小学校までは、あまり自覚していなかったのですが、私が好きになるのはすべて女性であることに気づいたのです。そのころから、「同性愛」という言葉を意識するようになり、自分が性同一性障害だとわかったのです。

いま、お友だちでいてくれる女性がとても好きです。でも、カミングアウト（告白）することができません。もし告白したら、彼女は私から離れていくでしょう。

毎日毎日、男性でありたい、いや手術をしてでも男性になりたいと考えています。でも、このことを両親に話したら、ショックで立ち直れなくなるか、精神科に行きなさいと言われるのではないかと思うと、告白する勇気がありません。

私はなぜ、心は男性なのに、身体は女性で生まれてきたのでしょうか？　私のような悩みを相談される方がいらっしゃいますか？

いまは早く学校を卒業したい。それだけです。同性愛者だとクラスの人に知られたら、偏見で見られるし、学校に行けなくなるとわかっているからです。

いままでだれにも告白できなかったのに、初めて話すことができ、とても気持ちが楽になりました。

A

このように、最近子どもたちの相談のなかに、「女性なのに女性しか好きになれない」、「男性なのに男性を好きになる」という悩みをたびたび聞きます。その子どもたちは、まるで犯罪でも犯《おか》したかのような罪悪感を持っているのです。

もちろん、お友だちにも両親にも告白できずに、1人で悩んでいる人がほとんどです。ある男の子は親友を好きになり、いつも一緒にいたのですが、告白したことによりその親友との関係が崩れ、失恋し、4キロもやせてしまったそうです。

また、ある男性は母子家庭で育ち、いつも父親に愛されたい、やさしい父親が欲しいと思っていたとき、父親のような存在の男性にめぐり会い、好きになってしまったとのことです。それからは年齢に関係なく、男性に愛されることを望むようになってしまったと話されていました。

また、アフリカのある国の「ストリートチルドレン」という名前の通りには、親と死別したり捨てられたり、はぐれたりした子どもたちがたくさん生活しているそうです。その子どもたちは、パンをもらうために、大人の男性に性行為を要求されると、今日食べるために要求に応じると聞きました。10年後のエイズ感染を心配するより、今日生きることに必死なのです。

「ストリートチルドレン」の子どもたちの寿命は、親と離れてから10か月といわれる

そうですが、同性愛のまま大人になっていく人もいるそうです。もし幼児期に心理的要因があったり、社会的要因のなかで形成されてくるものであれば、精神障害とは無関係のものです。性同一性障害の原因はわかっていませんが、異性愛者にはわからない悩みや苦しみがあると思います。

同性愛者の自殺は、一般の13倍といわれています。一度、同性愛とか性同一性障害という言葉を頭からはずして、ふつうにまわりを見まわしてみてください。

みなさんは、同性の人を見て、「すてきだなー」と思うことはありませんか？

宝塚のスターは全員女性ですが、男性っぽくてかっこいいので、女性のファンがたくさんいます。

人の好みは、身長の高い人や低い人、太っている人ややせている人など、それぞれ違います。同性に対する「あこがれ」を、偏見や色めがねで見ること自体、見る側の心の中に色がついているということにはならないでしょうか。「同性愛」とひと言で判断するのではなく、性行為と性的志向は分けて考えるべきだと私は思っています。

ただ、現実には、日本ではいじめにあったり同じ人間として対等な立場に立てないことが多いのも事実です。

愛のかたちにはいろいろな種類があっていいし、どのかたちで学ぼうと、どれも正しいのではないでしょうか。区別と差別では大きな違いがあります。

1人ひとり好みが違っても、裁いたり差別するのではなく、同じ人間であり、みんな同じ地球人なのだということを受け入れてくださったら、罪悪感を持ち自殺をする子どもたちがいなくなるのではないでしょうか。

☆だれかの声が聞こえて☆

Q

僕は、中学のときに同級生とトラブルを起こして鑑別所に入りました。一度出てふつうの生活にもどったのですが、また別のグループとトラブルを起こしてしまい、今度は人を傷つけてしまったので少年院に入りました。

僕が暴力事件を起こすときは、決まってだれかの声が聞こえてくるのです。

小学生のころから、家の中で暗い影を見ることが多くなりました。黒いゴミ袋のような固まりが、いつも家の中にいて、イライラしたりすると、

「相手をなぐれ、蹴《け》れ、仕返ししろ」

という声が聞こえてくるのです。はじめは、親や兄弟にも聞こえているのではないかと思って尋《たず》ねてみましたが、だれにも聞こえていなかったのです。それどころか、「気がおかしくなったんじゃないの?」と逆にバカにされたため、それ以来、このことはだれにも話さなくなりました。

少年院に入ってからも、

「一度少年院に入った者は、二度とふつうの生活ができるはずはない。死ぬまで犯罪者でいるしかない。おまえは犯罪者なんだ。どうせまた犯罪に手を染《そ》めるのだから、諦《あきら》めろ」

という言葉が、繰り返し聞こえてくるのです。

このような言葉を毎日聞かされ、不安でしかたがありません。今度外に出たときに、働くことができるのか、また世間に受け入れてもらえるのか、とても

心配です。

A

あなたが育ってきた環境は、決して幸せといえるものではなかったと思います。小さいときにお父さんが事故で亡くなり、たくさんの借金を抱え、またお母さんの再婚された男性はあなたたち兄弟の面倒をみてくれず、お酒ばかり飲み、仕事もせずにぶらぶらしている毎日だったと聞きました。

そんななかで、お母さんには恨みや苦しみがどんどん増えて、「あなたたちを産まなければこんな苦労はしなかったのに…」と思われたのでしょう。そういったお母さんの悲観的な想いや人を許せないといった想いが家の中に充満したのを、あなたは黒い影として見たのだと思います。

自分を否定され、認めてもらえない生活が続いたので、心の中の不安が見えないものを見せたり聞こえない声を聞かせたりするのです。その声に振りまわされないためには、見えたり聞こえたりする内容がよくても悪くても、そのことに意識を向けないことです。

あなた自身、苦労しているお母さんを見て、「かわいそうだ」と思い、再婚相手を憎んできたのではないですか？

あなたにとって大切なのは、少年院に入ったことを悔やむことではなく、そこで何を学び、今後にどう生かしていくかを考えることです。また、お母さんは、あなたが少年院に入ったことから何に気づくべきかを考える必要があります。

あなたも憎しみを捨てて、お父さんやトラブルを起こしたお友だちに感謝してみてください。いまを一生懸命に生きることができたら、必ず未来は動きます。そして、いつかあなたが社会に復帰したときに、同じ悩みを持っている子どもたちがあなたのひと言で更生《こうせい》できるかもしれません。体験してきた人の言葉は、人を動かす力を持っているのですから。

【その後】……………………………………

この子どもさんは、一生懸命に少年院で資格を取り、がんばって社会に復帰されました。「あなたの人格を採用する」と言ってくれた自動車修理の会社に勤め、一生懸命働いています。そして、自動車の好きな少年たちの相談を聞いてあげたりもしているそうです。

もちろん、この子どもさんが社会に復帰できたのは、お母さんが人を憎んでいたことに気づき、憎まないよう努力され、子どもさんに感謝の気持ちをもって愛をたくさん注ぐことができたからです。

親に愛されることで、子どもさんに輝きがもどって、とてもうれしく思いました。

☆僕は自分と闘っています。助けてください。☆

Q 僕には小さいときから小人のような天使がそばにいて、悲しいときや両親から叱《しか》られたとき、また、友だちとけんかしたときなど、愛についていろいろ教えてくれていたのです。その天使は光のようにまぶしくみえていました。

ところが、小学4年生くらいから姿をみせなくなり、その代わりに神様からの声に変わったのです。ちょっとしたいじめを受けてからは、その声がもっとひどくなり、パソコンでゲームをしていると、「おまえは正義の味方だ、悪人どもを皆殺しにしろ、悪いことをしたものは罰せねばならない」と聞こえてきます。

ゲームの中では悪人を殺しても抵抗はなかったのですが、16歳くらいから、おまえの親を殺せとか、マンションから飛び降りろといった内容に変わり、それに逆らうようなことを言い返すと、孫悟空《そんごくう》の輪っかのようなもので、頭を締《し》めつけられ、顔がきつくなって物を投げたり暴れだしてしまうのです。

その状態になると自分ではなくなり、どうにもならなくなります。

精神科はもちろん、お祓《はら》いに何度も行き、先祖供養《せんぞくよう》もし、霊能者、心理カウンセラーと続けて通いましたが、18歳になったいまもこの状態が続いています。親はさじを投げ、会話はほとんどありません。事件を起こす前に助けてください。

A

あなたはとても期待されて育てられていたのですが、お父さんの借金をきっかけにお母さんはお父さんを許せなくなり、それ以来、お母さんは、あのときお父さんが借金をしなければと、そして、なぜ私がこんな目にあわなければならないのかと思い続けてこられたはずです。

顔を合わせるとののしり合うご両親のどちらからも愛をもらえないで育ち、またご両親の憎しみなどのエネルギーを受け取って育ってきたために、安心して休めるところがなく、いつも不安で心の中の声と闘ってきたのです。

心の中に聞こえてくる声は、自分自身の心の中が反映されたものであるため、落ち込んでもできるだけ早く気持ちを切り替えることが大切です。

本来ならば借金したお父さんが悪いと思われますが、お母さんのお金や物に対する執着が強いため、お互いの学びとして起きているのです。

ほんとうは、なぜこのようなことが起きたのか、ご両親が気づいていただけることがベストなのですが、いまの状態では無理のようですので、ご両親の問題は自分たちで解決していただくとして、あなたが自分で変われる方法をお伝えします。

もしかしたら、また神様の名前で、「愛です、気づきです、世界平和のため悪い人を罰しなさい」という内容のことが心の中に聞こえてくるかもしれません。

でも、聞こえてくる言葉がよい内容であっても悪い内容であっても、そこに意識を向けないでください。そして、現実の生活にだけ目を向けてください。

私は、いままで、聞こえない声が聞こえたり見えない姿が見えて精神的に不安定になられた方の相談を数え切れないほど受けてきました。他人のことを自分のことのように考えて悩まれる方、不安や恐怖の強い心配性の方、不都合なことが起きると自分では気づこうとせずに、すべて霊的な世界や宇宙のエネルギーの世界に依存して済ましてしまう方など、さまざまです。

現実を忘れて見えない世界だけで解決しようとすると、とても危険なのです。どんなに霊的な世界で解決したと思っても、本人が気づいて変わろうとしないかぎり、またすぐに同じことを繰り返すからです。

小さいときはご両親のマイナスの想いをはねのけるのは難しいのですが、ご両親のことは夫婦の学びだと考えを切り替え、あなたがお母さんに同情してお父さんを憎んだりお友だちを裁いたりしなければ、自分がわからなくなることはありません。

我慢するのではなく、育てていただいたことに感謝して、いじめられたお友だちに対しても、自分もいやな態度をとっていたのかもしれないと、水面の下をみてください。

あなたは愛をいっぱい持った、思いやりのあるやさしい人です。

カラオケに行ったり、スポーツをしたり、映画に行ったり、人生には楽しいことがたくさんあります。自分のための人生を楽しんでください。


【その後】

1か月ほどして、お電話をいただきました。彼はその日から、冷たいけれどもこの問題は両親自身が気づくべきことだと気持ちを切り替え、実行したところ、はじめは人を許せなかったときに数回声が聞こえたのですが、その声も自分に必要な体験だったのだと感謝できるようになったら声も聞こえなくなり、暴れることもなくなったとのことです。半年後の連絡では、とても明るい声で、就職しましたとのことでした。

補足ですが、ふつうでは聞こえない声が聞こえたり、見えないものが見えたりしても、不安に思う必要はありません。しかし、その情報をしっかり識別しないと振りまわされることがあります。

☆子どもが多重人格で☆

Q

私には2人の子どもがいます。長女が、中学1年生のときに人格が変わるようになりました。

はじめは、3歳くらいのまりちゃんという名前だったのですが、そのうち年配の男性の声で話すようになり、その後何人か変わり、機嫌をそこなうと大人でも押さえきれない力で暴れ出すようになったのです。

ふだんはとてもおとなしく、学校ではふつうの中学生なのでだれも知りません。何が原因で幼児になったり男性になったりするのか、わかりません。最近は、下の息子まで自分の身体《からだ》が自分ではなくなると言いだしました。

また、下の息子はときどき意識が遠のき、身体が勝手に動き出すと言います。どうして2人ともこのようになってしまったのか、精神科、心理カウンセラー、脳外科に行きましたが原因がつかめませんでした。また、お祓いするところにも8か所連れて行きましたが、もとにはもどりませんでした。

主人は神経質で、箸《はし》の上げ下げから注意し、こぼしたりすると手を叩いたりなぐったりしていました。長女は主人を怖がり、きらっていますので、離婚を申し出ています。講演をお聴きして思い当たることは、夫婦仲が悪く、結婚したときから主人がいなければと思ってきたことでしょうか。他に何に気づかなければならないのでしょうか。

A

長女さんは、お父さんをとても怖がったりいやがったりしていたと言われますが、長女さんが多重人格になってしまったのは、お父さんに注意されたことが原因なのではなく、日ごろからけんかの絶えないご両親を見て、けんかの原因は自分がいるからだと思いこむようになられたからだと思います。欠点ばかり指摘されて、自分は何もできないから、自分がいなければけんかにならないのだと考え、他の人格を求めてしまったのです。

お母さんは、あることをきっかけにご主人を許せなくなり、顔も見たくないほど憎んでいたのではありませんか? きっと、その想いが子どもさんへと伝わり、子どもさんはお母さんを守ろうとするあまり、お父さんをきらうようになったのです。その結果、お父さんは家庭に居場所がなくなり、ストレスがたまり、夫婦げんかが絶えなくなったのではないでしょうか。

口ではお母さんに敵《かな》わないお父さんは、子どもさんに暴力を振るうことで自分の立場を守ろうとし、暴力を振るわれる子どもさんは、叩かれるとき、叩かれているのは自分ではない、別の人格だと思うことで痛みを感じないようにしたのです。それで幼児の人格、まりちゃんに変わるのです。

また、親に反抗できる強い男性になりたいと強く思ったときに、強い男性の人格に変わります。もともと、お2人とも愛をたくさん持ったやさしい子どもさんですから、お母さんの許せない想いや憎しみの想いを受け取りすぎてパンクしてしまったのです。

下の息子さんは、お姉さんほどお父さんをきらってはいませんが、お姉さんが暴れるため、お母さんに自分の甘えたい気持ちを表すことができず、ずっと我慢してきたはずです。それで、結果としてお姉さんと同じような症状が起きたのです。

お母さんには、ご主人だけでなく、自分と意見の合わないお友だちやご両親、職場の方など、許せない人がたくさんいますよね。その人たちを、なぜ許せなくなったのか、水面下を見て気づいたことを書き出してみてください。

そうすれば、自分でほんとうの原因に気づくはずです。そして、気づけたら、落ち込むのではなく、気づきを与えてくれた子どもさんに「ありがとう」と感謝してください。子どもさんは、お母さんに、「たくさん持っている愛を忘れているよ」と、気づかせてくれたのですから。

子どもさんを抱きしめてあげて、「ほんとうのあなた自身でいいのよ。ほかの人格に頼らなくていいのよ。あなた自身がすばらしいんだから」と、伝えてあげてください。

人は、意見の違う人から学ぶことが多いといわれます。お父さんのほうにお願いしたいのは、子どもさんがいままで言えなかったこと、つらかったこと、傷ついたことなどを、すべて聞いてあげるようにしてください。そして、暴力を振るったことを子どもさんに謝ってくだされば、子どもさんの恐怖心は自然となくなるはずです。

それから、子どもさんには、自分以外の人格が3人いたら3人の人格に、5人いたら5人の人格に、1人ずつ、「いままでありがとう。もう自分1人で大丈夫だから」と、別の人格にお別れする決心をするように伝えてください。

別の人格が現れるケースというのは、不安や恐怖、ストレスが原因となり、その状況から逃《のが》れたくて人格が変わることが多いのです。本人が意識して変わろうとしているのではなく、自分が追い込まれて困ったときに、それは自分ではないと思うことで別な人格を引き寄せているのです。

たとえば、親の希望どおりのいい成績がとれなかったりしたときに、りっぱなよい子でいたいと思う自分が現れたり、いつも足りないところを責められて、もっと、もっとと望まれたときには、反抗できる自分が現れたりします。

また、追い込まれて逃げ場がなくなったとき、赤ちゃんにもどりたい自分が現れたり、親に何も言わせないくらいに暴れてみたい自分が現れたりします。

私がご相談を受けた方のなかには、ふつうの人には見えないものが見えたり、聞こえない声が聞こえたりされる方もたくさんいらっしゃいました。

アメリカの多重人格者の治療で、心理学者の方々が、別の人格が10人いたら10人の人格を統合する治療をしているのをテレビで見ましたが、私の場合は、統合するのではなく、何人の人格がいても、もとの1人の人格にもどっていただくことにしています。

とくに、子どもさんが幼い場合は、本人が自信をなくすような押しつけをしないことが大切です。中学生くらいでも、本人が変わりたいと決心し、他の人格は必要ないと自信を持つことができれば、もとにもどれます。

しかし、本人に心の底からもとへもどりたいという強い決意がなければ、セラピストやカウンセラーが一時的にもとの1人の人格にもどしたとしても、本人がまた別な人格に頼ろうとしたときには別な人格が現れてしまいます。

ですから、なぜ他の人格が必要なのか、自分と向き合うことが大切であり、子どもさんであれば親の協力が必要なのです。

その意味で、今回のケースではご両親が離婚されないのがいちばんよいのですが、たとえ離婚されたとしても、お互いが感謝され、想いを留《と》めない（お互いにわだかまりがなく、すっきりした気持ちになること）ように努力されれば、お子さんは2人とももとにもどられます。

【その後】……………………………………

1か月ほどして連絡がありました。お母さんは、最初はアドバイスの内容が納得いかなかったそうです。

すると子どもさんが、「私の気持ちなんてだれにもわからない」と怒鳴《どな》りだし、あわてて子どもさんの気持ちをなだめて聞いたところ、私が話したこととまったく同じ内容のことを言われたそうです。

そのあと、講演で言われたことをご主人に話し、実践したところ、2人ともすぐに落ちついたそうですが、何日かして、再びお母さんがある人をどうしても許せなくなったとき、また2人の子どもの人格が変わったそうです。

そのときにその人に対して許せない想いが自分にあったと気づき、感謝をされたところ、子どもも明るく元気になったということでした。これほど自分の想いが強いものとは思わなかったと話されていました。

☆介護の仕事に携わって☆

Q

少しでも困っている方のお役に立ちたいと、介護士の資格を取りました。最初はお世話をさせていただくことに喜びを感じていたのですが、一生懸命やればやるほどストレスが溜《た》まり、肩こり、頭痛に始まって、それがだんだんとひどくなり、やがて胸が苦しくなって、吐《は》き気をもよおし、手足がしびれ、とうとう胃潰瘍《いかいよう》になって入院してしまったのです。

人のためにと思ってがんばっていた私が、なぜ病気にならなければならなかったのでしょうか。私が休むと、他の介護の方にご迷惑《めいわく》がかかりますので、アドバイスをお願いします。

A

あなたは、とても思いやりのあるやさしい方ですが、いっぽうで、とても几帳《きちょう》面《めん》で完璧《かんぺき》を求められるところがあります。そのため、自分にストレスを溜めてしまうのです。

「痒《かゆ》いところに手が届く」という言葉どおりの方ですから、患者さんから要求されることをすべて満足してもらえるように努力されてきたと思います。

ですが、それが必ずしもよいこととはいえないのです。依存心の強い患者さんは、何でも要求を聞いてもらえるとなると、自分でやらなければならないことや、できることまであなたに頼むようになります。本来なら、患者さんが身体《からだ》を動かすことで訓練になるはずのものが、すべてあなたがお世話しているため、患者さんの自立（訓練）の妨《さまた》げになっていることもあるのです。

また、あなたが100がんばってお世話をされたとしましょう。そして、他の介護士さんが50お世話をして、あとは自分でさせようとしたらどうでしょう。患者さんは、あなたのほうを気の利《き》く人、やさしい人と思い、他の介護士さんを気の利《き》かない人と思うかもしれません。

そうなると、同じように感謝をしなければならない介護士さんに対して、患者さんは比較しはじめます。そのことが、介護士さん同士で競い合い、争い合うきっかけとなり、人間関係がうまくいかなくなって、それがストレスの原因となるのです。

ストレスが溜まれば、ワクワクした気持ちでお世話ができないので、その思いが患者さんに伝わり、患者さんが介護士さんに対して感謝ができなくなるのです。自分が感謝されないと、何が足りないんだろう、どこが悪いんだろうと自分を責めるようになり、不安になります。そうやって自分で病気をつくっていくのです。

なぜそうなったのか、水面下をみるようにしてください。そうしたら、人からどう思われるかを気にしている自分に気づくことができるはずです。

大事なことは、「相手からどう思われるか」より、「自分が相手をどう思うか」なのです。

患者さんのなかには、次々と要求される方もいらっしゃいます。ですから、無理なときには我慢して引き受けるのではなく、勇気をもってお断りすることが自分にストレスを溜めないことにつながります。

患者さんを通して、自分の内側にある想いに気づかせてもらえたことに感謝して、もっと自分を大切にしてください。

☆子どもとのコミュニケーションを取りもどしたい☆

Q

私はカウンセラーの仕事をしています。カウンセリングについてはプロですから、仕事には自信がありました。しかし、相談者からは自分の都合の悪い話はしてもらえないので、1年、2年かかっても解決できないのが現状です。

おまけに、自分の子どもとのコミュニケーションもとれず、何度説明しても子どもからは反発の声しか返ってきません。最近、付き合う友だちも変わり、夜遊びがひどく、昼夜が逆転している状態です。ときには、「ばばあ、うるせー」といった暴言《ぼうげん》も吐くようになりました。

カウンセラーという職業柄《がら》、他人にこのことが知られるのは恥ずかしく、また、主人は海外滞在が長く、心配をかけたくはありません。

もうすぐ主人が帰国することになっていますので、それまでに解決していただけないでしょうか。

A

どのような問題でも、子どもさんの問題を解決するのは私ではなく、ご両親です。他人任せで解決しても、ご両親自身に気づきがなければ、また違ったかたちで問題が起きてきます。

お母さんは、カウンセリングについては自分のほうがプロであるし、心配をかけたくないからご主人には話せないと言われますが、お母さんの心の中には、いつも、「子育て」や「心理」のことは私のほうがわかっているという気持ちがあるでしょうし、これまでもその知識や理論、または理屈で子どもさんに接してこられたのではないでしょうか。

しかし、いくら知識で伝えても、親自身が実践できていないことは、子どもさんも実践できないと思います。昔から、「子どもは親の背中を見て育つ」という言葉がありますように。

それと、お母さんはご主人や子どもさんに感謝したことがありますか？　「子どものことは自分のほうがプロだから、主人には口出ししないでほしい」と思っていたから、お母さん1人で子どもさんを育てることになったのではないでしょうか。

まず、お母さんは、ご主人に子どもさんの状態をすべて話し、ご主人の意見を聞いてみてください。

それから、子どもさんに、「お父さんやお母さんに言いたいことがあったら言ってほしい」と、直接聞いてみてください。そしてそのとき、話の途中で、「でも」とか、「しかし」の言葉で絶対さえぎらないことが大切です。

できましたら、聞いた内容をメモにとり、冷蔵庫に箇条書きにして貼っておかれることをおすすめします。

「相談者が心の内《うち》を話してくれない」と最初に言われましたが、ご家庭に問題があることを恥だと思っているカウンセラーに、心の内を気軽に話せるでしょうか？　相談者も、同じように恥だと心を閉ざしてしまわれるかもしれませんよね。

私は講演のときに、自分の失敗談をたくさんお話ししています。みなさん、笑いながらうなずいてくださいます。共通点があると、身近に感じられ、お互い話しやすくなるということもあるのです。

私はみなさんよりもっと足りない点が多いので、このお仕事をさせていただいていると思っています。みなさんの質問から、私が学ぶことが多いからです。

プロだとか素人《しろうと》だとか考えないで、ご家庭ではふつうの親として子どもさんに接してあげたら、「カウンセラーの子どもは完璧でなくてはならない」というプレッシャーを子どもさんにかけないで済むのではないでしょうか。

【その後】

ご主人にすべてを話されたところ、「君は私の意見を聞かないで、何でも1人で決めて実行するから、私の居場所がなくなり、海外派遣を受諾したんだ」と言われ、また、子どもさんからは、「カウンセラーの子どもなのだからしっかりして、と言われるのがつらかった」と話してくださったそうです。

いまでは子どもらしい澄《す》み切った目にもどり、朝早く起きてリズムよく生活できるようになられたそうです。

☆教祖であることに自信がなくなった☆

Q

私は小さいときからとても信仰心が篤《あつ》く、どこでも手を合わせる生活をしていました。そのつど、神さまの声を聞くことができたのです。

大人になるにつれて、神の声を聞くという噂《うわさ》が1人歩きを始め、信者さんが集まってくるようになりました。

はじめのうち、神さまの声は「愛です」とか「気づきです」「感謝です」といったやさしい内容だったのですが、最近、「高い波動の水を売りなさい」とか、「みなさんに山の中に集まってもらい、高い波動のなかで座禅をし、意識を高めるように」というふうに、内容が変わってきました。

私自身は、半トランス状態（半分は意識があって、半分は身体《からだ》がゆれたりしてボーッとしている状態）で伝えますので、自分が何を言っているのかよくわからず、言葉に出たことは信者さんの幹部の方がすぐ実行に移されます。

その言葉どおりに実行された方のなかには、気分がよかったという人もいますが、目つきがきつくなる人、自分はみんなより意識が高いと思うようになる人がほとんどで、自信がつくのはいいのですが、性格がきつくなっていくのです。

私自身も、最近、自分と別人のようなときがあり、体調がすぐれず、だんだん不安になってきています。

『家庭に笑い声が聞こえますか』という、自立の講演を聴きに行かせてもらったとき、私と同じような仕事をしている人が、「これから先のことを不安に思っている」と質問されているのを見て、同じ悩みを持っている教祖がほかにもたくさんいるんだと初めて知りました。

そこで、帰ってから質問のお手紙を出しましたが、ボランティアのお手伝いの方から、「自立（自分で答えを出す）のための講演ですので、お１人お１人にお手紙でお返事することはできません。講演のお話を参考にして、自分の力で気づくように努《つと》めてください」というご返事をいただきました。

そこで、「できれば、志々目さんのご意見を次回の本に載《の》せてもらえませんか」とお願いした次第です。

A

私の意見を書かせていただきますが、私の意見のひとつが正しいからといって、すべてが正しいとはかぎりません。あなたの言葉のひとつが違っていたとしても、すべてが違うということではないのです。

私は、みなさんからご相談を受けるたびに、私自身が気づかせていただくことがたくさんあります。

ですから、これまでご相談された方には、アドバイスはさせていただきましたが、あとはみなさんがご自分で実践されて、みなさんご自身の力で結果を出してこられたケースがほとんどです。

あなたの質問のなかに、「波動の高いところで意識を高めるように」という言葉がありましたが、たしかに、たまには人里離れて、自然のなかでリラックスすることは必要なことだと思います。しかし、現実の生活（友だちとのトラブルや許せない思い、優越意識やお金への執着など）のなかで、他人を認め、楽しく過ごせるように努めることのほうがより大切なような気がします。

私たちの身近に住んでいて、役職や肩書きはなくても、毎日を立派に生きている人はたくさんいます。

特定の場所でないと意識が高くできないというのは、現実生活にもどれば、意識ももどるということになりませんか？　いまの環境から汚《けが》れのない場所に移り、同じ考えの人だけで暮らすことがベストとは思えません。みんなと同じ環境にいながら、悩んだり、傷ついたりしながらも、その原因に気づいたり、また、気づけたことに感謝できるようになる、そういった体験が、その人の心の器を大きくすることになると私は思っています。

大切なのは、現実生活のなかで、何が起こったかではなく、そのなかで何を学んだかということだと思います。

中国には、「山の仙人より、街《まち》の仙人」という言葉があります。

この言葉は、人里を離れ、自然のなかでみずからを汚《けが》さず修行する仙人はたくさんいるけれど、それよりも、人の思いや憎しみ、ねたみのある街中《まちなか》に住んでいながら、決してみずからを汚すことなく、立派に生きている仙人の生き方を参考にしなさい、という意味だと思います。

講演を聴いて、「教祖をやめました」と言われた方が数人いらっしゃいましたが、私はどちらが正しいと答えることはできません。

ただ、神さまの言葉だと思って聞いているととても危険なこともありますので、自分に聞こえてくるそれらの言葉を識別されたほうがよいかと思います。そして、その言葉を聞かれた信者さんも、それぞれが内容を識別していかれないと、いつまでもその言葉に依存することになります。

私は、私なりに神さまや見えない世界のことは信じて理解しているつもりですが、行動に移すのは結局自分自身であり、いまを一生懸命生きていない人がいくら神さまに頼んでも、すべての願いがかなうとはとうてい思えません。

私たちが食事をしたいとき、食べ物を口に入れてくれるのは自分の手であり、目的の場所に行かせてくれるのは自分の足です。いろんなことを見たり聞いたり判断するのも、自分の目や耳や頭でしているのです。

すべては自分自身です。だとしたら、それぞれが自分で生き抜いていく力を持っているということにはならないでしょうか。

「天はみずから助くるものを助く」「人事を尽《つ》くして天命を待つ」という諺《ことわざ》がありま す。これは、人間が一生懸命努力した結果、天(神さま)が応援してくれるという意味だと思います。

ただし、何度も言うようですが、これは私の意見であり、これが正しいのだということを言っているのではありません。

みなさんそれぞれが自立することが大切であり、自分の力で問題を解決できる力を持っているということを知っていただきたいのです。

4

笑顔のすてきな人へ

自分の力で悩みや問題を解決するための、
著者からのメッセージ

◎笑えなくなったら、まわりの人に聞いてみよう◎

私はセラピストとして今日に至るまで、主人や子ども、そしてまわりの方々に支えられながら日々過ごしてきました。

「家庭生活が基本」という講演であるために、家庭の仕事はもちろん、講演をさせていただきながら原稿も書かなければとがんばっていました。

「あれもしたい、これもしたい」という気持ちが、完璧にしようと思うあまり、「あれもしなければならない、これもしなければならない」とこだわるようになり、どんどん自分を追い込んでいくようになったのです。

朝、主人と子ども2人分のお弁当を作り、主人の車が見えなくなるまで見送り、家事の合間に電話連絡などの仕事をし、原稿を書きました。

夕方は、わが家の2匹の犬の散歩に行き、もどると今度は夕飯の支度《したく》、主人や子どもの帰りが遅いので、その間に洗濯物をたたみ、アイロンがけをするといった具合で、「私はいつ休めるのだろう?」と思ったときがありました。

冷静になって考えれば、主人も子どももよく協力してくれており、感謝でいっぱいのはずなのに、ちょっとしたストレスからだんだんと考えが悪いほうに行ってしまい、感謝するということを忘れ、お手伝いしてもらっていることより、協力してもらえなかったことに視点が行くようになったのです。

「何もしてくれない」「何もしてくれない」と、2、3日思いを留めてしまったところ、主人も子どもも疲れ果ててしまい、2人とも何もできなくなったのです。

「お弁当は作らなくていいから、1日温泉にでも行ってゆっくりしてきなさい。顔つきがきつくなっているよ」と言われ、2匹の犬の散歩だけをしてあとは身体《からだ》をゆっくり休めました。

ところが、身体を休めているのに、原稿の内容が気になって頭は休めていないのです。主人から、「遊びに集中できない人は、仕事にも集中できない。休むときは何も考えずにゆっくり休むこと。そして、いまやらなければいけないことだけを一生懸命やればいい」と言われ、ハッとしたのです。

講演でみなさまにお伝えしていることが、私自身できていなかったのです。

そこで、「何もしてくれない」という想いを切り替えて、2人が手伝ってくれているひとつひとつに、「ありがとう」と感謝の気持ちを持つようにしたところ、主人と子どもから、「身体がだるい、だるい」という声を聞かなくなりました。

そして、この原稿を書いているときに、韓国のユン・ソクホ監督の『冬のソナタ』というドラマをみてやさしい気持ちになり、また、音楽を聴くことで、心がとても癒されました。

このように、ちょっとしたことでも気持ちを切り替えることはできるのです。

ストレスや疲れは、我慢すると身体の中に溜《た》まってしまい、それがため息となって外に出るうちはいいのですが、溜まりすぎると笑えなくなり、病気になってしまいます。

以前、子どもから、「母親はいつもニコニコしていてほしい」と言われたことがあります。自分では結構毎日笑っているつもりでいたのですが、家族からみると顔つきがきつくなっていたようです。

それからは、できるだけストレスを溜めないように心がけていますが、なかなか維持できないのが現状です。

私がみなさまの前でお話しさせていただいているのは、私自身ができていないからこそ、みなさまを通して学ばせていただいているのです。

みなさんも笑えなくなったら、家族やまわりの人の意見を聞いてみてください。当たり前のことを忘れているのかもしれません。

◎子どもたちを守るために◎

みなさんは、朝のニュースを見て気持ちが暗くなったり不安になることはありませんか。

私は家庭のことをしながら聞いていますから入り込んではいないのですが、たまに気持ちが重くなるときがあります。

アメリカのテロ事件では、飛行機がビルに突入するのを見て、不安、恐怖やショックで涙が出たり、吐いたり、寝込む人も多かったようです。日本では何十回と飛行機がビルに突入する映像を見ましたが、アメリカやカナダでは、子どもたちへの影響を考慮して、日本ほどにはひんぱんに放映されていないと聞きました。

私たちの心は、暗いニュースやできごとにはすぐに反応します。そして不安、恐怖をつくり出していくのです。もちろん個人差があり、淡々《たんたん》と聞いて流せる人は大丈夫なのですが、人の話を自分のことのように心配する人は影響を受けやすいのです。

朝の登校前や出勤前に、暗いニュースや残虐《ざんぎゃく》な事件のニュースをみせるのは、数年しか生きていない子どもたちにとってはとても負担になることです。知らないほうが楽しく学校に行けるということもあります。

また、大人でも他人のことを自分のことのように心配される方は同じことがいえます。

以前、ある新聞のウィークリー・コラムのページに、「ストレスから子どもを守るには」という記事があり、アメリカのケース・ウェスタン・リザーブ大学の心理学者ジーン・トゥエンジさんが、「現代の子どもたちはストレスに痛めつけられている」

と、アメリカの心理学会誌上に発表したということが書かれてありました。

それによると、9～17歳の青少年が抱く不安感は、半世紀前に精神障害で加療していた同世代よりも強いそうです。その最大の原因は、①孤立感が強まっている、②「世の中は危険」という思いこみが広がっている、という2点を挙げています。

次の世代を守るために、私たちはどうすればいいのでしょうか。タイム誌のC・ゴーマンさんは、「個の尊重にも限度があるのを忘れずに」と、社会性を育《はぐく》むことが地域共同体を築き上げ、ストレスから子どもを守ることにつながると言っています。

具体的には、まずテレビやパソコンのコードを抜くこと。そうすれば、家族が向かい合いながらの交流が生まれ、睡眠時間も増えるし、暴力にさらされる機会も減る。とかくビデオゲームや映画が目の敵《かたき》にされるが、テレビのニュース報道でも殺人や傷害場面がたくさんある、という内容でした。

さらに、親が子どもに愚痴を言うのも考えもので、まだ自分の悩みで手いっぱいな年齢なのだから、過剰な期待をかけるのは禁物《きんもつ》だということが書かれてありました。

親や大人が不平不満、愚痴、憎しみなどを少なくし、悩みもできるだけ早く感謝に変えて、明るく、楽しく毎日を過ごすことができれば、子どもたちへの影響は少なくなってくるのではないでしょうか。

◎子どもを育てるときに大切なこと◎

いま、アメリカのカリフォルニア大学では1日に12回以上ハグをしなさいという指導があるのだそうです。「ハグ」というのは、外国の人があいさつをするとき、抱き合ってあいさつをするあのしぐさです。日本人は照れくさくてなかなかできないことなのですが、外国ではこれが当たり前のようにされています。

子どもと向き合っていくには、どんなに不安なときでも母親や父親が抱きしめてあげると不安感が取れるといいます。どんなに忙しい、たとえば離婚をして子どもさんを育てていらっしゃるお父さんであれお母さんであれ、10秒でも20秒でもいいですから、子どもさんをしっかり抱きしめて、「大好きよ」とか、「お母さん（お父さん）

がついているからね」と言って安心感を与えてあげることが、子どもにとっては大切なことなのです。

1歳の子どもさんでも、両手を握り向き合って、「いまお母さんは食事の準備で忙しいから、もうちょっと待っててね」と、ちゃんと目を見て説明をしていくように努力されると、子どもは必ずそれを理解できるようになります。

子どもさんがまったく親の言うことを聞かずに騒いで暴れるというのは、子どもと向き合うのではなく、背中で返事をしたり、「だめだ、だめだ」と言うだけで、その理由を子どもさんに説明していない場合が多いのです。

1歳だからわからないと言われるお母さんがいますが、ちゃんと心の中では言っていることを理解しています。

ですから、子どもを育てるときには、向き合ってちゃんと目を見て話していけば、お互いの気持ちが通い合うのです。

◎お掃除と心の関係について◎

私たちがお部屋のお掃除をするのは、自分の心の中をお掃除するのと同じことです。

だれもが、日々いろいろな想いや考えを部屋の中に流していきます。

その想いのなかには、楽しいことや悲しいこと、許せないようなこと、人を裁くようなこと、自分を責めるようなこと、ねたむようなこと、いろんなことが頭に浮かんできます。

その頭に浮かんでくることが、エネルギーとなって外に出されていきます。そして、出されたエネルギーは、家の中に流れ充満していくのです。

昔は、毎日の生活のなかで、戸を開けてほこりを隅々からほうきで掃《は》いて出していました。

そのときに、ほこりと一緒に滞った空気も外に出され、新しい空気と入れ換わっていたのです。

人の想いが溜まってしまうと、集中力がなくなり、家のお掃除などができにくくなります。この滞《とどこお》った空気に慣れてしまいますと、身体がだるくなったり、昼夜が逆転して朝が起きられなくなったりするのです。

逆に、あまりにも几帳面《きちょうめん》すぎても、心にゆとりがなくなり、自分を追いつめて病気になりやすくなります。

「ほどほど」という言葉があるように、何ごとにもバランスが大切です。

もちろん、忙しくてお掃除できないというときもあるでしょうが、それが長い間続くということはないはずですから、部屋の中に住む人の気持ちと部屋の状態が関係しているということがわかれば、自分がつらいときには窓をあけてお掃除をされると気持ちよく過ごせると思います。

◎想いと子どもの病気について◎

前にも述べましたように、私たちは日々の生活のなかで数え切れない想いを流しながら生活をしています。

悲しいとき、怒っているとき、許せないとき、憎んでいるとき、楽しいときと、それぞれの想いに合ったエネルギーを出しているのですが、とくにマイナスの想いは部屋の中だと停滞しやすくなるのです。

マイナスの想いは、アトピー、喘息《ぜんそく》、熱、痙攣《けいれん》といった、カゼに似た症状で現れることがあります。赤ちゃんは、生まれてくるときに憎しみ、ねたみは知らず、育つ環境のなかで覚えていきます。赤ちゃんはお母さんのへその緒を通して生まれてくるため、とくにお母さんの気持ちを受け取りやすいのです。

お母さんや家族の人たちが、人を許せなかったり、憎んでいたり、我慢していたり、悲しんでいるときに赤ちゃんを抱くと、そのマイナスの想いを受け取り、親にいやだといえないぶん、アトピー、喘息、熱、痙攣として体の外に出していくことがあります。

子どもが意思表示できるようになると、反抗できる子どもは暴れたりかみついたり大声でさけんだりして処理するのですが、おとなしい〝よい子〟と言われる子どもたちは、耐えきれなくなったときに病気や事件を起こす場合があります。

子どもを不平不満のなかで育てれば、子どもも不平不満を言うようになり、ありがとうのなかで育てれば、ありがとうが言える子どもになります。大人が変われば子どもも変わるのです。

また、そうした想いは、人間だけでなく、植物や動物、住む場所に影響を与える場合もあります。

◎子は親の鏡◎

3歳未満の子どもさんを対象に行われたことですが、5人の子どもさんの真ん中に、1人泣いている子どもさんをおいて、1人ずつ対応させました。

するとと、親からたくさん抱きしめられて育った子どもさんのグループは、5人とも泣いている子どもさんの頭をなでてあげたり、涙を拭《ふ》いてあげたりしました。

逆に、親からあまり抱きしめられることなく育った子どもさんのグループは、5人とも泣いている子どもさんを叩いたのだそうです。

これはきっと、愛をいっぱいもらった子どもさんは親が自分にしてくれたように愛を与えることができ、愛が足りなかった子どもさんは、愛の与え方がわからなかったのではないでしょうか。愛とは理屈や知識で教えるのではなく、親の姿なのだと思います。「子は親の鏡」という言葉がありますように。

◎子どもの育て方で気づけたこと◎

小さいときから完璧《かんぺき》を求められたり親の妬みなどにより比較されて育った子ども

は、いつも勝ち負けを意識するようになり、よい子でいるよう努力するようになります。そして努力することに疲れると、まわりの人の欠点を探して指摘することで安心するようになっていってしまうのです。また、他人をいじめることや、はっきりと自分の意見を言えない子どもたちは、人に意見を合わせることで自分を守ろうとします。

逆に、愛をたくさんもらって育った子どもたちは、何があっても支えてくれる人がいるという安心感から、他の人と闘ったり争ったりして自分を守る必要がないために、他人に思いやりが持てるようになるのです。

◎子どもが失敗したときには、「おめでとう」を◎

私たちは、知らず知らずのうちに自分と他人を比較して一喜一憂していることがあります。

他人の失敗が自分の価値を上げると思ってみたり、他人の成功が自分の価値を下げるという勘違いをすることがあります。とくに、勝ち負けを意識して育てられた子どもたちは、自分を信じることができないとついこのような想いを持ってしまいがちです。決して悪いことではないのですが、自分と向き合うことができないと、その想いに振りまわされ、お友だちと競い合うことができても、歩み寄ることができなくなります。

子どもが失敗したと思ったときこそ、ご両親には、「そのことがきっかけでもっと成長するんだよ、おめでとう」と言ってあげてほしいのです。

大きな失敗をしたと思っているときは、「おめでとう」のお祝いをしてあげると、失敗は成長するのにとても必要なことだとわかって、子どもは恐れなくなります。

ぜひ、実践してみてください。

◎子どもの視点で気づかされたこと◎

子どもが5歳のときでした。テレビのニュースで、昔から開業していた歯医者さんが新しく開業された歯医者さんの病院に放火して逮捕された事件がありました。

そのとき私は、

「自分の病院に来られていた患者さんが新しい病院に移ったため、困って放火したんだろうけれど、他に方法はなかったのかなー」

と言いましたら、子どもが、

「なぜ同じ場所に歯医者さんを2つ建てさせたんだろうね。同じ病院は少し離れたところに建てなさいという決まりがあれば、このおじちゃんは火をつけなくてすんだのに。かわいそうだねー」

と言ったのです。

そのとき、裁《さば》こうとしている私と、受け入れようとしている子どもの視点の違いに驚いたことがありました。

いまになってみると、子どもからたくさんヒントをもらっていたのだということに気づかされます。

◎お互いが相手を認めることの大切さ◎

私たちは、毎日の生活のなかでちょっとした言葉の受け取り方でトラブルを生じることがあります。

それは、どちらかが正しく、どちらかが間違っているということではなく、視点が違うということです。

丸いコップを上から見れば丸く見えますが、横から見れば四角く見えます。同じコップを見ているのに、見る視点が変わると形が違って見えるのです。

それを一方が、「絶対に丸かった」と主張したら、他の方も「絶対に四角かった」と主張するでしょう。それがトラブルとなるのです。

自分の意見を少し引いて相手の意見を聞いてみると、コップの全体像が見えてきます。「認める」という字は、「言うことを忍ぶ」と書きますように、すべてにおいて一方が我慢するということではなく、どちらも認めることが大事なのです。

◎「ありがとう」は魔法の言葉◎

「ありがとう」という言葉には、私たちの心や身体《からだ》を和らげる効果があります。疲れて休むときに、自分の身体に「今日1日ありがとう」と声をかけるだけでも、身体はリラックスします。

いつわりや駆け引きの「ありがとう」には効果はありませんが、心から発せられた言葉には人の気持ちを自然に変える力が備わっているのです。

お友だちとトラブルを起こして、話しかける勇気がないときに、「○○さん、ありがとう」と、何度かノートに書いたり言葉に出したりしてみてください。お互いの気持ちが和《なご》みます。

◎生きることに疲れた方へ◎

最近はインターネットなどで自殺志願者を募《つの》り、一緒に自殺をするといったニュースをよく耳にします。自分の人生には愛がない、地獄だというお話もよく聞きます。

しかし、まわりの人が冷たい、自分の人生には愛がないと思い込んでいる人は、まわりの人の思いやりややさしさが見えていないのではないでしょうか。

若い人のなかには、仏教でいうところの輪廻転生《りんねてんせい》がほんとうにあるならば、今世は早く死んで、来世を楽しみたいと言われる方がいます。

でも、ほんとうにそんなに簡単なものなのでしょうか。

今世に生まれて来たということは、いろいろな体験のなかで、愛を学ぶために生まれてきたということです。

自殺の理由は1人ひとり違うと思いますが、もし人からいやなことをされて、相手を許せなくて死にたいのであれば、まず自分が傷つけられたことだけを悩むのではなく、自分も人を傷つけたことはないかと振り返ってみてください。もしかしたら、自分もまわりの人を傷つけているのに、それに気づいていないだけなのかもしれません。

ある外国のテレビのなかで、「人は憎しみを競い合う強さを持っているのに、なぜそれを終わりにする強さを持てないのだろう」という言葉を聞いたことがあります。だれかに責任を転嫁《てんか》して生きることはラクなことです。しかし、それでは心のつながりがなくなってしまうので、寂しくはないでしょうか。

たとえば、Aさんという人がいて、いやなことがあるたびに人のせいにしているとします。そうすると、次のページの上の図のように、自分の心はそのままの状態で、同じ場所にとどまったままです。

逆に、いやなことがあってもそのできごとを受け入れ、「なぜ起きたのか」という水面下をみて、いままで自分にみえなかった部分に気づいたとします。そして、気づかせてもらった相手に感謝でき、それぞれの立場や生き方があると認めることができたら、下の図(次ページ)のように、1人から2人、2人から3人、4人へと輪が広がり、自分の心の器が大きくなっていきます。

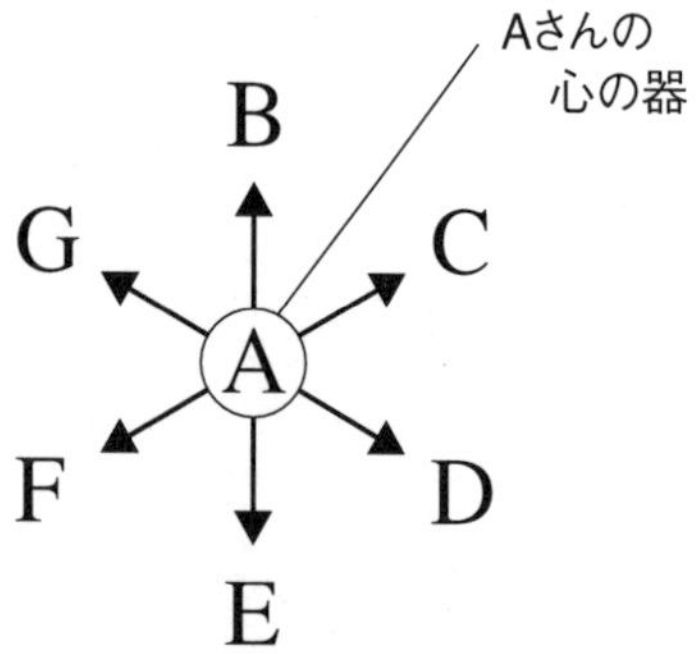

Aさんが、それぞれ全部の人に
責任を転嫁した場合の心の器。

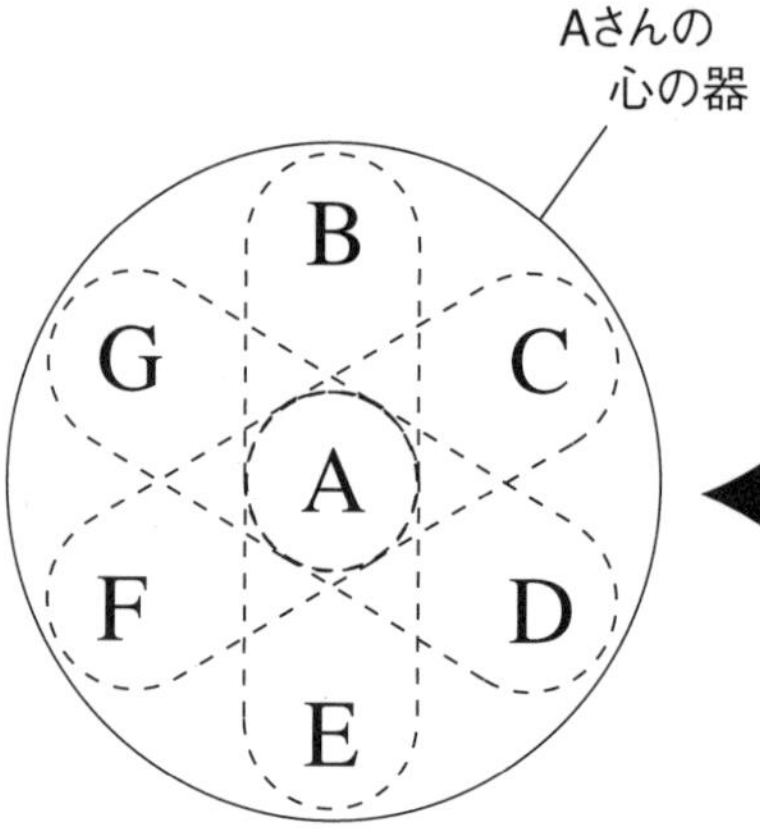

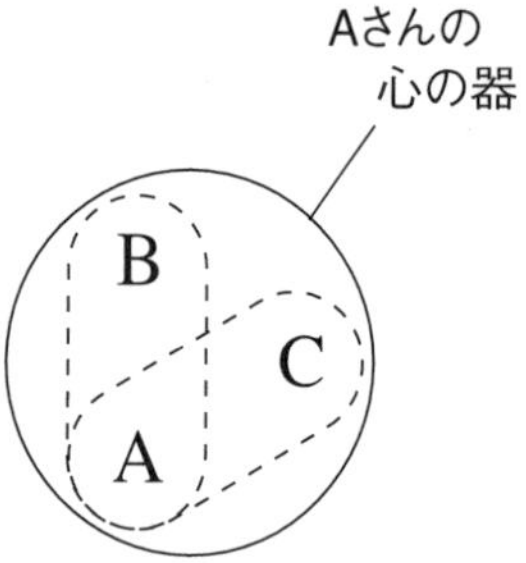

Aさんが、B、C、D、E、F、Gの人を認めることができたら、Aさんの心の器はさらに大きくなる。

AさんがBさんやCさんとトラブルを起こしても、BさんやCさんを認めることができれば、上のように器が大きくなる。

認めるということは、相手に意見を合わせることではありません。相手に同調するのではなくて、相手の意見や存在を認め、責任を転嫁しないということが、自分自身の器を大きくするということなのです。

起こったできごとをいつまでも引きずっていると、いまを生きることができなくなります。いまを大切に生きるからこそ、未来が見えてくるのです。未来を動かすのは、毎日を一生懸命に生きることではないでしょうか。

生きることに疲れたときは、外に出てスポーツや散歩をして身体《からだ》を動かしてみるだけでも気分が変わります。また、トイレや部屋の中のお掃除を、「ありがとう」と気持ちをこめてやってみると、ある瞬間、暗い気持ちがふっきれるときがあります。それは、お掃除をすることによって、滞《とどこお》っていたマイナスの想いがきれいな空気と入れ換わり、心までスッキリするからです。

人として生まれてきたということは、必ず人の役に立つことができるということです。お花を育ててくださる方、そのお花を美しいままお店で売ってくださる方、お米やお野菜を作ってくださる方、お料理を作ってくださる方、お掃除をしてくださる方など、どんな職業でもみなさんの愛が込められているのです。

生きているからこそ、必ず人の役に立つことができるのです。

どうしても気持ちを切り替えられないときは、いつごろからそう思うようになったのか、だれの言葉や行動に思いが留《と》まったのか、自分自身に問いかけてみてください。もしかしたら、相手が何気なくしたり言ったりした言葉に思いを留《と》め、一方的な思い込みから悩みが膨《ふく》らんでいったということはないでしょうか。そのことを相手の人にたずねてみると、案外早く解決できるかもしれません。

また、1人で思い悩まずに、家族や親友などまわりの人に相談してみるのもひとつの方法です。もしかしたら、自分では見えなかったところに気づかせてもらえるかもしれません。

また、あなたのために何かと心を配ってくださる人もいるでしょう。そういった思いやりややさしさに触れることができれば、自分のまわりにはたくさんの愛があったと気づくことができるのではないでしょうか。

5

旅立ち

笑い声を運んでくれた、
あったか〜いお話を集めました

◎子どもの「こころ」を育てたご両親◎

あるお母さんからお聞きしたお話です。

息子さんの通われている学校は進学校で、勉強も大変で、留年された方が１人いらっしゃったそうです。

卒業式の日、その生徒さんは卒業式には出ませんでしたが、教室にみんながもどったとき、クラス全員の前で、「みんなはこの厳しい学校を卒業できたのだから、ほんとうにえらいよ。卒業おめでとう。僕は留年になって卒業できなかったけれど、みんなより遅れたとは思っていません。進む道が違っただけだから。僕は僕の道を胸を張って歩いていきます。みんなもがんばって自分の道を歩いていってください」と、あいさつされたそうです。

そのお話を聞いて、私はとても感動しました。留年された生徒さんのご両親は、いちばん大切な「こころ」を育てていらっしゃいました。そしてまた、クラスのみなさんはどんな生き方も受け入れることができる子どもたちでした。

人間は100人いたら、100通りの生き方があると思います。たとえば、目的地に向かってドライブするとき、高速道路を使って早く行き着く人もいるでしょうし、反対に、ふつうの道路を通って高速の何倍もの時間をかけながら行き着く人もいるでしょう。

でも、着いた時間が早いか、遅いかが大切なのではないのです。ふつうの道路を走っている人は、道に迷ったり、信号で停止したり、パンクだってするかもしれません。遠まわりをしているように思われますが、道路を走るとき、どの町には何があったとか、町を歩いている人のファッションや土地柄《がら》まで、いままで知らなかったたくさんのものを見ることができます。高速を走った人が知ることのできなかったものを見ることができる。これが体験です。

その体験は、後になって何かの役に立つことがあるかもしれません。どんなに失敗したと思うことでも、実はその体験があったからこそつながってくる人生があります。留年しても、受験が不合格でも、その体験から何を学ぶかが大切なのであって、悩むことではないのです。

◎悪いできごとが、よいできごとのきっかけに◎

ある生徒さんが、留年と言われてとても落ち込みました。しかし、野球に力を入れている学校に入り直すことができ、好きな野球ができると喜んだそうです。

ところが、足に軽い骨折をしてしまい、大会に出場できなくなりました。そのときは、野球部に入らなければ骨折しなかったと後悔したそうです。

しかし、入院したおかげでたくさんの看護師さんのお友だちができました。そして、入院中に仲よくなった女性の看護師さんとお付き合いをするようになり、本人も看護師になるための学校へ行き、現在では結婚されて、看護師としてがんばっているそうです。また、病院の野球部に入り、野球も続けられているとのことです。

中国には、『人間万事塞翁《さいおう》が馬』という諺《ことわざ》があります。これは、禍《わざわい》と幸福は交互にやって来るという意味です。

起きたできごとをいつまでも悔やんだり悩んだりしていると、解決方法は見えてきません。それも自分に必要なできごとだったと感謝できたとき、次のステップにつながるのではないでしょうか。

◎子どもたちのふしぎな力◎

最近、幼稚園や保育園の講演に呼んでいただいたときに、先生やお母さんからあったか～いお話を聞くことがありましたので、いくつかご紹介します。

☆　☆　☆

あるとき、3歳の子どもが、お昼寝をしている野良猫のところへ行って、何やら話しかけていました。もどってきて、「猫ちゃんがお腹《なか》痛いって言っているよ。お薬ちょうだい」と話すのです。

「猫が話すわけないでしょ」と笑いますと、「私は猫ちゃんの心とお話ししたの」と答えます。牛乳と薬を持っていくので、しかたなくついて行くと、ほんとうに猫が私の前で嘔吐《おうと》と下痢《げり》をしたので、びっくりしました。

「子どもはほんとうに猫とお話ししていたのかな?」と思いました。


ある方の家の前で世間《せけん》話をしていたときのことです。

突然、2歳半の子どもが、ある家の庭木を指差して、「あの木さんが、針金をはずしてほしいと言っているよ」と、その家の方に伝えたのです。

すると、家主さんは、「外壁があって針金は見えないはずなのに、なぜわかったの?」と言いながら、すぐにはずしに行かれました。台風のときに倒れないようにと思って、針金と紐《ひも》で固定されていたそうです。首をかしげながら、「子どもには木の気持ちが伝わるのかねー」とおっしゃっていました。


リサイクルする本や新聞紙などを捨てに行ったときのことです。古くなったぬいぐるみが置いてあり、それを見た子どもが、「このぬいぐるみ、寂しいと言って泣いてるよ」と言うのです。

私は思わず、「ぬいぐるみが泣くわけないでしょ」と言いましたら、「ぬいぐるみの心が寂しがっているの。連れて帰っていい？　これはぬいぐるみだけど、中はぬいぐるみじゃないの。長く大事にしてもらっていたのに、お引っ越しで捨てられて泣いてるの」と、わけのわからないことを言います。

「欲しければ新しいのを買ってあげるから」と叱《しか》りましたら、「お母さんは聞こえないの？　ぬいぐるみの声が…」と言うので、とうとうそのぬいぐるみを持って帰りました。

帰ってからはずっと抱きしめて、そのぬいぐるみに話しかけていましたが、2日ほどで話しかけなくなりました。精神科に連れて行こうと思っていましたので、ホッとしましたが、「なぜ、もう話さないの？」と聞きましたら、「やさしくしてあげたからお空に帰ったの」と言いました。

ある養鶏場でのお話です。

そのおじいちゃんの家の近くには、３０００羽ほどの少し大きなひよこがいました。その近くを通った2歳半のお孫さんが、「おじいちゃん、ひよこさんが、お水がほしい、お水がほしいと言ってるよ」と言ったそうです。おじいちゃんは、「ニワトリ小屋は高いところにあって、孫には見えないはずなのに、なぜわかったのだろう」と思いながら行ったところ、ほんとうにひよこがぐったりとしていて、水をあげたら勢いよく飲んで、すぐに元気になったそうです。

☆　☆　☆

ある子どもさんが3歳のときのお話です。

この子どもさんの親戚《しんせき》の方が、赤ちゃんを抱っこしてミルクを飲ませていたそうです。たまたま近くに来たその子どもさんが、「哺乳《ほにゅう》ビンを少し高くして、と赤ちゃんが言ってるよ」と言ったそうです。赤ちゃんのお父さんは、言われた通り哺乳ビンの傾きを高くしたら、ごくごく飲むようになったとおっしゃっていました。

小さな子どもさんには、このようなことがよくあります。しかし、ほとんどの子どもさんは、成長するに従って現実的なことを考えていくようになり、このような能力を使わなくなっていきます。ですから、「おかしなこと言わないで」などと完全に否定したり、また、その能力を無理に使わせたりすることのないように、自然に育ててほしいと思います。

◎笑ってガンを治したおじいちゃん◎

あるおじいちゃんは、体調が悪くなって病院で検査を受けましたが、肺に5センチくらいのガンがあると診断され、入院されたそうです。

病院の先生からは、「2週間後から抗ガン剤の治療を始めましょう」と言われたのですが、年老いた奥さんが車いす生活で、お世話する人がいないため、「妻のためにも自分が元気にならなければ」と思い、自分で治す決心をしました。

なぜ肺ガンになったのだろうかと振り返ってみたところ、寝たきりの妻を笑わせることに一生懸命で、自分は心から笑ったことがないことに気づいたそうです。

それからは、毎日病院を抜け出し、すぐ近くの山の中で朝日に向かってお腹《なか》を揺《ゆ》さぶるくらい大きな声で笑い、深呼吸してから病室にもどり、奥さんのお世話をされました。

2週間後の検査で、5センチの肺ガンがなくなっていることがわかりました。

おじいちゃんにとって、奥さんは自分の命であり、奥さんのためにも元気でいなければという強い気持ちが、ガンを治してくれたのかもしれません。

◎想いは伝わる◎

人の想いや感情は、まわりにいる人たちだけでなく、多くの生き物たちにも大きな影響を与えています。

これは知人のお友だちのお話ですが、隣の家から塀を越えて枝が伸びてきて、とても迷惑《めいわく》だと感じるようになりました。そこで、「こっちに来るな！　これ以上こっちに来たら、枝を切ってやるぞ」と心の中で思っていたら、ふしぎなことにその枝の伸びる方向が急に変わり、クルッともと来た方向へ伸びていったそうです。

また、ある方は、家の庭に毎年たくさんの実をつけてくれる大きな柿の木が3本あり、周囲の方々に配っていたそうですが、年をとるにつれて木に登るのが大変になってきました。

あるとき、1本の柿の木に対して、「この柿の実がなるから、大変な思いをするんだ」と思ったのだそうです。すると、翌年から他の2本の柿の木は実をつけてくれるのに、大変だと思ってしまった柿の木はほとんど実をつけてくれなくなりました。

アフリカのおとぎ話のなかには、木のまわりを人間が囲み、そこで悪口をずっと言い続けると、たちまちその木は枯れてしまうというお話があります。

植物は、人のマイナスの想いを吸収し、中和してくれる作用があります。しかし、最近は、人のマイナスの想いが強すぎるので、中和できなくなってきています。植物には、私たちが話したことや、思ったことがすべて伝わっています。

ですから、お水をあげるときは、植物に、「ありがとう」とか「きれいだね」と、話しかけてみてください。そうすると、植物はどんどん元気になって、私たちの心を癒《いや》してくれるようになるでしょう。

◎動物からの愛◎

私たちは、毎日の生活のなかでどれだけ動物から愛をもらっているでしょう。

動物を飼っていらっしゃる方のほとんどが、彼らを家族の一員として認めておられると思います。なかには、自分の子どもとして可愛がっている方もおられるでしょう。自分が寂しいときや病気のとき、動物の愛で癒《いや》され元気になることがあります。

このように、動物と私たちは助け合って生きています。

以前、このようなお話を聞きました。

平成12年、九州沖縄サミットが行われたときのことです。

このサミットは、警察の方々をはじめ、たくさんのボランティアの方々のお力によって成し遂げることができたそうですが、サミット会場のひとつである宮崎県では、イエロー号という一匹の警察犬が熱射病のため殉職《じゅんしょく》しました。

イエロー号は、3回の休息をとったあと待機場所にもどったのですが、その直後から苦しみはじめて、病院に運ばれたものの、手当のかいもなく亡くなったそうです。

イエロー号は、人間のための役目を全《まっと》うして亡くなりました。

サミットのお手伝いをされたみなさん、暑いなか大変なお仕事だったと思います。

同時に、動物も人間と同じようにがんばってくれました。

現在、世界中で警護や犯罪などに活躍する警察犬、地震のあとのガレキから生き埋めになった人を探してくれる救助犬、耳の聞こえない人のために活躍する聴覚犬、目の見えない人のために活躍する盲導犬など、たくさんの犬が人間のためにがんばっているのです。

また、特別な役目は持っていなくても、日ごろから私たちの心を癒してくれる動物がたくさんいます。

最近、都合が悪くなると動物を捨てる人が多くなっています。

動物も、私たちと同じように喜びや悲しみ、寂しさ、傷つく心を持っているのです。

もっともっと動物たちの活躍を子どもたちに伝えて、小さいときからやさしさや思いやりを持てるように教えていきたいものです。

◎3本足の犬、ランちゃん◎

お友だちが車を運転しているとき、道路を歩いている1匹の犬を見かけました。その犬はとても汚《よご》れていて、片方の前足の付け根から10センチほど骨が飛び出している状態で、大きなケガをしているようでした。

そこでお友だちは、思わずその犬を車で追いかけて行ったのですが、人間不信になっているらしく、なかなか捕まえることができませんでした。

それでも、何とか保護して獣医さんに診《み》てもらったところ、ケガのためにすでに前足の肩の部分までが腐ってしまっており、片足は切断するしかないとのことでした。

お友だちは、自分でそのお金を出すつもりでしたが、手術をしてくださった獣医さんも9万円ほど負担してくださることになり、また、そのお話を聞いた近所の方々からのカンパもあって、思っていた金額よりかなり安い出費で済むことになりました。お友だちの無償の愛が、まわりを動かしたのです。

お友だちは、その犬に「ラン」という名前をつけて、自宅で飼うことにしました。

しかし、このランちゃんは「ワン」と吠えることすらしようとしませんでした。散歩に連れて行っても、その目は遠くのほうばかりを見つめ、とても悲しげな表情をしていたそうです。きっとランちゃんは、前の飼い主のことが忘れられず、その姿をいつも探していたのでしょう。

ランちゃんには、いろいろな悲しい事情があったのだと思います。お友だちはその心を察して、ランちゃんにはできるかぎりの愛情を注いで接していきました。

すると、ランちゃんは日を追うごとに元気になり、ある日、ついに「ワン！」と吠えてくれたのです。そのとき、お友だちは、「やっと心が通じた」と大喜びしました。そして、「動物の子どもも人間の子どもも、みんな一緒なんだ」と感じたそうです。

現在、このランちゃんはみんなの人気者になっています。明るくなって、再び人間が大好きになりました。3本足ではあるものの、その不自由さはあまり感じられず、ふつうの犬以上に元気に走っています。いまでは、このランちゃんはお友だちにとってかけがえのない存在になっています。

あとがき

私は以前、看護業務に10年ほど携《たずさ》わっていました。毎日、手術室に運ばれてくる患者さんに接しながら、なぜ病気になりやすい人となりにくい人がいるのだろうと、いつも疑問に思っていました。

その後、次男・健《たけし》を生後8時間で亡くし、主人の転勤を機に退職し、家庭に入りました。

長男が4歳になったある日のこと。

「どうして100歳まで生きられる人と、健《たけし》のように生まれてすぐ死ぬ人とがいるの？　ボクは死ぬことがわかっていたら、何もする気がしないと思うよ」

と、聞いてきたのです。

私は即答ができずに、

「そんなこと忘れて、テレビを見たら？　ドラえもんをやってるよ」

と、話題を変えたことがありました。

その夜、子どもは眠れないようで、答えにはなりませんでしたが、私はいろいろ話しました。子どもの疑問は私自身の疑問でもあり、ずっと答えを知りたいと思っていたからです。

そのうちに、そのことを学ぶトラブルが起きました。そのトラブルに対して、自分を責めたり他人に責任を転嫁《てんか》して、ものごとを悪いほうに悪いほうに考えるようになり、たびたび腰痛を起こすようになったのです。

1年ほどいろいろなところで治療を受けましたが、痛みは回復せず、「なぜ治らないんだろう」と悩んでいたときに、たくさんの人との出会いや彼らの姿を通していろいろと学ばせていただき、私の想いが反映されていることに気づかされたのです。

それからは、身のまわりで起きることは何かを気づくために起こっているのだと、まわりの人に感謝して、ものごとを明るく考えることができるようになると、腰痛はすっかりよくなりました。

そのような体験の後、なぜかお友だちから悩みを聞く機会が多くなり、相手の方のお話を聞いていると、その本人だけでなくご家族の人の性格や体調、育てられた環境、そしてなぜその悩みが起きているのかといったことが、私の心に伝わってくるようになりました。その原因をお伝えすることで、みなさんがご自分で解決されるようになったのです。

やがて、ボランティアのみなさんのおかげでそれが草の根的に広がり、各地で講演をさせていただくようになりました。いままでお手伝いしてくださった方のだれひとり欠けても、ここまで来ることはできなかったでしょう。活動が多くなるほど赤字も多くなり、経済的負担を抱えることにもなりましたが、全国のボランティアの方々のお力と、主人と子どもに支えられ、なんとかここまで来ることができました。

最後に——。

この本を通して、みなさんがたくさんもっている愛を思い出し、輝いてくださればこ著者として最高の幸せです。

２００４年１月５日　志々目　真理子

◎**編集部から読者のみなさまへ**

志々目真理子氏の講演『家庭に笑い声が聞こえますか』を聴講されたい方は、下記のホームページアドレスを参照されるか、往復ハガキにて講演会の日程をお問い合わせください。

なお、ご自宅への訪問や、お手紙・お電話・E-mailでのご連絡、個別のご相談などに関しましては一切お返事できませんので、あらかじめご了承ください。ご質問やご相談に関しましては、講演会の中でのみお答えしております。

◎ホームページアドレス
http://www.shishime.net

［往復ハガキでのお問い合わせ先］
〒885-8799
宮崎県都城市都城郵便局内私書箱57号
「家庭に笑い声が聞こえますか」係

〈著者紹介〉

志々目 真理子（ししめ まりこ）

1953年生まれ。宮崎県在住。各県の教育委員会をはじめ、市町村、新聞社、各ＰＴＡ、ライオンズクラブ、ロータリークラブ、その他数多くの団体から後援を受け、家庭の大切さをテーマに講演を開いている。主婦の仕事と両立させるために、講演は月に２回程度と決めているが、内容が口コミで広がり、国内外からの講演依頼が後を絶たない。運営は、全国のボランティアによって自主的に行われている。これまで、講演等を通して受けた相談件数は8000件を超える。

家庭に笑い声が聞こえますか

2004年３月20日　初版第１刷発行
2008年９月５日　初版第３刷発行

著　者　志々目 真理子
発行者　韮澤 潤一郎
発行所　株式会社 たま出版
〒160-0004　東京都新宿区四谷4-28-20
☎03-5369-3051（代表）
http://www.tamabook.com
振替　00130-5-94804
印刷所　東洋経済印刷株式会社

ISBN978-4-8127-0170-6 C0095